A ESCRITA DO PASSADO ENTRE MONGES E LEIGOS

FUNDAÇÃO EDITORA DA UNESP

Presidente do Conselho Curador
Herman Jacobus Cornelis Voorwald

Diretor-Presidente
José Castilho Marques Neto

Editor Executivo
Jézio Hernani Bomfim Gutierre

Conselho Editorial Acadêmico
Alberto Tsuyoshi Ikeda
Áureo Busetto
Célia Aparecida Ferreira Tolentino
Eda Maria Góes
Elisabete Maniglia
Elisabeth Criscuolo Urbinati
Ildeberto Muniz de Almeida
Maria de Lourdes Ortiz Gandini Baldan
Nilson Ghirardello
Vicente Pleitez

Editores Assistentes
Anderson Nobara
Fabiana Mioto
Jorge Pereira Filho

LEANDRO ALVES TEODORO

A ESCRITA DO PASSADO ENTRE MONGES E LEIGOS
PORTUGAL – SÉCULOS XIV E XV

© 2012 Editora UNESP

Direitos de publicação reservados à:
Fundação Editora da UNESP (FEU)
Praça da Sé, 108
01001-900 – São Paulo – SP
Tel.: (0xx11) 3242-7171
Fax: (0xx11) 3242-7172
www.editoraunesp.com.br
feu@editora.unesp.br

CIP – Brasil. Catalogação na fonte
Sindicato Nacional dos Editores de Livros, RJ

T289e

Teodoro, Leandro Alves
    A escrita do passado entre monges e leigos: Portugal – séculos XIV e XV / Leandro Alves Teodoro. São Paulo: Editora Unesp, 2012.

    Inclui bibliografia
    ISBN 978-85-393-0349-6

    1. Paleografia portuguesa. 2. Crítica textual. 3. Escrita – Aspectos sociais. 4. Escrita – Aspectos religiosos. 5. Escrita – Aspectos morais e éticos. 6. Manuscritos portugueses. 7. Portugal – História – Século XIV. 8. Portugal – História – Século XV. I. Título.

12-5869
CDD: 417.7
CDU: 003.072(469)

Este livro é publicado pelo projeto Edição de Textos de Docentes e Pós-Graduados da UNESP – Pró-Reitoria de Pós-Graduação da UNESP (PROPG) / Fundação Editora da UNESP (FEU)

Editora afiliada:

Asociación de Editoriales Universitarias
de América Latina y el Caribe

Associação Brasileira de
Editoras Universitárias

*À Susani, orientadora que tem
minha admiração e meu eterno respeito.*

Agradeço à Fapesp, por financiar minha pesquisa desde a iniciação científica.
À Capes, por financiar os primeiros meses do mestrado.
Aos meus pais, Mariângela e Dalton.
À Maria Emília Granduque José.
Ao grupo do "seminário de tese", em especial, à Kátia Michelan.
À Dulce dos Santos, pelas contribuições na banca de qualificação e defesa.

"Olhar-vos neste livrinho como num espelho e não vos descuideis de nada por esquecimento, leia-se uma vez por semana. E se observardes que cumpris tudo o que está escrito, dai graças a Deus, doador de todos os bens. Porém, se algum de vós vê algo que lhe falta, arrependa-se do passado, previna-se para o futuro, orando para que seja perdoada sua dívida em tentação".

(Santo Agostinho)

Sumário

Prefácio   13
Apresentação   17

1 Os mosteiros e a produção escrita em Portugal   25
2 A Corte de Avis, os cronistas e a escrita
   da história em Portugal   55
3 Dois espaços e dois tempos de escrita da história   87

Considerações finais   131
Referências bibliográficas   135

Prefácio

E porque a História é luz da verdade, testemunha do tempo, mestra e exemplo da vida, mostradora da antiguidade, recontaremos, em atenção à vontade de Deus, a verdade das coisas, nas quais verão, os que esta história lerem, a utilidade que traz aos presentes saber os fatos passados, que nos mostram no decurso desta vida o que devemos saber para seguir, e o que devemos ouvir para ter aversão.[1]

Nessa passagem da *Crónica de los Señores reyes católicos Don Fernando y Doña Isabel de Castilla y de Aragon*, o cronista espanhol Hernando Del Pulgar (Toledo, 1436?-1493), servidor de Henrique IV e dos reis católicos, traz para o seu relato, de forma mais precisa do que costumam fazer seus contemporâneos dos diversos reinos europeus, a célebre máxima do pensador romano Marco Túlio Cícero (106 a.C.-43 a.C.) sobre a história. Cícero tinha proposto que o passado poderia funcionar como guia imperecível para o comportamento virtuoso e que a história era uma espécie de reservatório de experiências a serem apreendidas pelos leitores ou ouvintes, que deveriam fazer suas as

---

[1] Hernando del Pulgar. *Crónica de los Señores Reyes Católicos Don Fernando y Doña Isabel de Castilla y de Aragón*. Cotexada con antiguos manuscritos y aumentada de varias ilustraciones y enmiendas. Valencia: En la imprenta de Benito Monfort, 1780, p.1 (tradução minha).

experiências alheias, a fim de repetir no futuro o que tinha sido sucesso no passado. A proposição teve uma fortuna que atravessou as barreiras do tempo e serviu de mote para se pensar os proveitos da história em diversos momentos e instâncias. Pensadores medievais ilustres, como Isidoro de Sevilha, por exemplo, usaram o mote para defender a utilidade da história;[2] pensadores contemporâneos, como Reinhart Koselleck, para definir a especificidade da história antes da modernidade; o senso comum para engrandecê-la, ressaltando e naturalizando seu suposto potencial transformador.

Leandro Alves Teodoro não negligencia a força e a plasticidade do mote, que nutriu o fazer histórico medieval, mas deu um sentido cristão à missão de instruir por meio da lembrança do passado. Todavia, não se deixa inebriar com as seduções das longas durações, lançando uma perscrutação sobre os meandros e os sutis deslocamentos da história escrita entre os dois espaços que, em Portugal, nos séculos XIV e XV, concorreram para delinear o passado na forma escrita: os mosteiros e a corte régia. A história da história medieval que propõe não perde de vista que a valorização da escrita do passado a partir do século XII esteve ligada ao empenho dos diversos reinos em dar forma ao seu passado tendo em vista as demandas do tempo presente; tendo em vista, em especial, a necessidade de justificar e engrandecer o poder em atuação.

Tratando, pois, do tempo em que a história ganha o território das línguas vernáculas, e as histórias dos reinos particulares tinham já conquistado o espaço antes ocupado pelas histórias universais,[3] Teodoro desdobra como o desejo de contornar o esquecimento por meio da ordenação escrita do passado é conduzido, nos séculos XIV e XV, pelo desejo de exaltar os méritos de um povo que se afirmava a partir de uma unidade geográfica, uma língua comum e um poder particular. O sentido religioso que tinha conduzido de forma explícita

---

2 Isidoro de Sevilha. *Etimologias*. Texto latino, version española y notas por Jose Oroz Reta y Manuel A. Marcos Casqueiro. Introducción general por Manuel C. Diaz y Diaz. Madrid: Biblioteca de Autores Cristianos, 2004, Libro I, 43. Sobre la utilidad de la historia, p.349.

3 Guenée, Bernard. *Histoire et Culture Historique dans l'Occident médiéval*. Paris: Aubier Montaigne, 1980, p.309.

as histórias universais aparece, nas crônicas desse tempo, totalmente difuso, mostrando-se apenas perceptível na articulação entre passado, presente e futuro. Melhor dizendo, nota-se apenas o pano de fundo de um aquém e um além eternos, como tinha ensinado Agostinho,[4] ou seja, de uma origem e um fim essenciais, divinos, supostamente justificando as escolhas do que devia ser fixado para a posteridade. Ainda que, como provedor de exemplos, tal como em Cícero, o passado devia ser organizado não mais sob os parâmetros daquele tempo em que o vir a ser era entendido como repetição do passado, em ciclos completos, mas de um outro tempo, entendido como inacabado e a ser cumprido na história. Nesse sentido transcendente cristão da existência, uma unidade oculta aparece unindo o começo e o fim, e nada se apresenta como novo, pois a meta da história era provar o que já estava no início.[5]

A esse sentido oculto, eixo das preocupações dos filósofos, o historiador reserva um espaço menor. Embora reconheça que tal sentido não possa ser negligenciado, Teodoro perscruta a organização das narrativas históricas dos séculos XIV ao XV, atentando para o que do movimento temporal mereceu ser então registrado na história, isto é, esquadrinha quais as particularidades da experiência encarnada pelos homens, sobretudo de poder, que monges e leigos selecionaram para figurar nas suas histórias. É esse, a propósito, seu principal alvo: interrogar se a história escrita nos mosteiros portugueses, nomeadamente em Santa Cruz de Coimbra no século XIV, distingue-se significativamente daquela traçada pelos cronistas da corte régia portuguesa desde os tempos de D. João I até D. Manuel, quando as histórias dos reis portugueses, reunidas primeiramente na *Crônica de 1419* e depois organizadas por reinados independentes, foram ganhando uma forma desvinculada das histórias de outros reis e reinos da Espanha e fazendo por merecer o designativo portuguesa.

---

4 Santo Agostinho. *Confissões*. Trad. J. Oliveira Santos e A. Ambrósio de Pina, 12. ed. Braga: Livraria Apostolado da Imprensa, 1990, Livro XI, especialmente p.306-16.
5 Günther, Horst. *Le temps de l'histoire*. Paris: Éd. de la Maison des sciences de l'homme, 1996, p.50-1.

Se a interrogação principal do autor do livro, portanto, não esconde o interesse por fisgar alguma continuidade, esta continuidade é, contudo, muito mais circunscrita do que aquela que diz respeito à mística cristã em torno da história. Ao cotejar o que ficou registrado nas *Crónicas breves de Santa Cruz de Coimbra* com o que legaram para a posteridade os cronistas mores portugueses que trabalharam no âmbito do Arquivo régio – Fernão Lopes, Gomes Eanes de Zurara e Rui de Pina –, Teodoro navega tanto pelas continuidades quanto pelas descontinuidades. O historiador não desconsidera, por exemplo, que os valores das crônicas de corte são nutridos pelos ideais monásticos de delimitação do Bem e do Mal e de projeção de um futuro inspirado no que tinha sido e na identidade entre a origem e o fim (Deus), mas ressalta como as crônicas oficiais vão se demarcando para introduzir uma história em que as guerras e outras ações cotidianas, mesmo que justificadas como necessárias para a constituição de um caminho justo, indicam como os interesses dos reinos particulares já se sobrepunham ao discurso da unidade do povo cristão. Os reis portugueses, mesmo que apresentados como representantes por excelência do Bem na Terra, mais representam os interesses dos seus conterrâneos do que o do povo cristão em geral.

Louvável iniciativa da Editora da Unesp de trazer à luz este estudo. A partir dele, adentramos em um curioso tempo no qual história escrita e poder eram indissociáveis, ou melhor, no qual estava naturalizado que a história deveria ser um instrumento do poder e, igualmente, uma fonte de ensinamentos para os homens que o exerciam.

Susani Silveira Lemos França

APRESENTAÇÃO

[...] se o Senhor Deus a nós outorgasse o que a alguns escrevendo não negou, convêm a saber, em suas obras clara certidão da verdade, sem dúvida não somente mentir do que sabemos, mas ainda errando, falso não queríamos dizer; assim seja que outra coisa não é errar, salvo cuidar que é verdade daquilo que é falso. [...] Se outros porventura em esta crônica buscam formosura e novidade de palavras e não a certidão das histórias, desprazer lhe há de nosso arrazoado, muito ligeiro a eles de ouvir, e não sem grande trabalho a nós de ordenar. (Lopes, 1977, p.2-3)

Com essas palavras, o cronista português Fernão Lopes (1380-1454) expõe, no início da *Crónica de D. João I*, como fazem posteriormente seus sucessores, os objetos de seu labor e os principais pontos que nortearam a crônica, ou seja, define as regras de escrita que lhe serviram na ordenação da história. Tendo isso em vista, Lopes aponta a busca da verdade como sua meta, pois ele fundamenta a história num grande trabalho, que visa ordenar os fatos, rejeitando supostas mentiras e falsidades. Para esse cronista, "mentira em este volume é muito afastada de nossa vontade". O mesmo Lopes adianta que, para se escrever uma crônica, deve-se, sobretudo, cuidar da verdade, outorgada por Deus, evitando que se escreva "mais curto do que foi, ou se fale mais largo do que se deve" (ibidem, p.3). Ordenar a história torna-se, conforme a proposta do cronista, uma atividade que exige, além de cuidado com a verdade, sabedoria para escrever na medida certa, sem esquecer pontos essenciais e nem registrar a menos ou a mais do que era preciso. É interessante observarmos que, nas crônicas dos cronistas portugueses da Corte de Avis, Fernão Lopes, Gomes Eanes de Zurara (1410-1474) e Rui de Pina (1440-1522), nota-se o objetivo comum de se esclarecer, nas primeiras páginas do prólogo ou dos capítulos iniciais, os critérios e as funções das suas histórias.

Diferentemente desses cronistas régios, as crônicas portuguesas anteriores, nomeadamente as monásticas, não apresentam tais especificações de forma explícita e organizada como fazem os cronistas referidos. A *IV Crónica breve*, produzida no mosteiro de Santa Cruz de Coimbra no século XIV e incluída nas *Crónicas breves de Santa Cruz de Coimbra*, por exemplo, inicia-se da seguinte forma: "O rei D. Afonso, que filhou Toledo aos mouros, casou sua filha com o conde D. Henrique, que veio a Santiago em romaria. E tinha ela o nome de Teresa. E dali foi o conde D. Henrique senhor de Portugal e da Galiza [...]" (*Crónicas breves*, 1969, p.25). A seguir a esse começo abrupto, o cronista anônimo começa a contar a vida do conde até chegar nas histórias sobre seu filho Afonso Henriques. Esse formato inicial pode, à partida, nos sugerir que os cronistas crúzios, ao contrário dos cronistas que os sucederam na escrita da história de Portugal, não estavam tão preocupados em justificar o seu fazer história ou em dissertar sobre o potencial da história como estavam os cronistas de um tempo em que houve uma sucessão dinástica incomum e que precisava ser legitimada.[1]

Foram diferenças como essas, entre o fazer história dos cronistas monásticos e dos cronistas de Corte, que nos levaram a interrogar se teria havido rupturas e/ou continuidades entre uma produção e outra, melhor dizendo, se os fundamentos da história sofreram um significativo deslocamento e em que medida os valores defendidos por monges e homens de Corte estão em diálogo. Foi, pois, da comparação entre alguns aspectos das crônicas do século XIV e XV que surgiu o objetivo

---

[1] Sobre o empenho da história em legitimar a dinastia de Avis, ver: Ventura, 1992.

de analisar as *Crónicas breves e memórias avulsas do Mosteiro de Santa Cruz de Coimbra* e as crônicas de Fernão Lopes, Gomes Eanes de Zurara e Rui de Pina – não apenas aquelas que retomam as histórias reunidas nessa crônica monástica, mas também as crônicas sobre os reinados dos monarcas de Avis. O alvo deste trabalho é, portanto, por meio do cotejo entre os referidos documentos, interrogar sobre as bases do saber histórico leigo quatrocentista e suas recorrências à história anterior de origem monástica. Mapeando os contornos da escrita da história de um momento e outro, pretendemos observar: o lugar da história entre os séculos XIV e XV para clérigos e leigos, que história foi escrita por uns e outros, que imagem apresentaram do passado e como dialogaram valores monásticos e leigos na construção desse passado.[2]

Além do primeiro confronto da documentação, também temos que ressaltar a importância para este trabalho de nossas leituras historiográficas, pois foi possível notar, no início de nossas pesquisas, que as obras clássicas acerca da produção cronística portuguesa ou analisavam as crônicas monásticas isoladamente ou priorizavam uma análise das crônicas elaboradas no âmbito de Corte. Nesse momento, a falta de estudos que colocassem em diálogo a escrita monástica e leiga fez com que nos preocupássemos em estudar a passagem da escrita da história do mosteiro de Santa Cruz para a Corte de Avis. E foi essa falta de estudos acerca do tema proposto que nos levou a ler trabalhos que contemplassem as inter-relações entre o sacro e o profano na Idade Média, entre os quais se destacam os estudos do historiador Ernest Kantorowicz. Em meados do século passado, esse historiador abriu um diálogo frutífero na historiografia sobre a relação entre o sagrado e o profano, por pensar justamente na racionalização do Estado como um deslocamento da estrutura funcional da Igreja para as bases do governo monárquico. Para Kantorowicz, o Estado do fim da Idade Média resultou de uma simbiose entre modelos eclesiásticos e leigos. Esse autor propõe, portanto, que houve uma complementaridade entre os dois poderes que regiam o mundo. De uma parte, segundo ele, houve uma secularização da Igreja, marcada pela doutrina teocrática

---

2 Sobre os híbridos Igreja e Estado, ver: Genet; Vincent, 1986.

pontifical e pela plenitude do poder, a partir da formação de um corpo administrativo protegido por suas próprias leis. De outra parte, aponta igualmente o autor, que, no século XV, para se libertar da tutela da Igreja, o Estado monta sua estrutura institucional espelhada no sistema administrativo que foi primeiramente por ela edificado.[3]

Na mesma linha de Kantorowicz, Jeanine Quillet, Joel Blanchard e Jean Claude Mühlethaler também chamaram a nossa atenção por pensarem outros ângulos dessa suposta simbiose entre o poder sacro e o profano. Segundo Quillet, por exemplo, a racionalização do Estado favoreceu a constituição de doutrinas, bem como o desenvolvimento de um aparelho institucional que soube adaptar medidas da Igreja para a estruturação de ideias que ajudassem a sociedade a se organizar.[4] Os outros dois historiadores, por sua vez, na obra *Écriture et pouvoir*, estudam a relação entre escrita e poder no fim da Idade Média, utilizando como fontes tratados, espelhos de príncipes e crônicas. Segundo esses historiadores, é possível perceber a existência de referências à sacralidade do poder em escritores como Christine de Pizan, Denis Foulechat e Philippe de Mézières, cujos tratados apelam para modelos bíblicos para consagrar uma imagem transcendente do rei. Além disso, os referidos historiadores procuraram analisar como as Cortes francesas, entre os séculos XIV e XV, elaboraram diferentes obras, de gêneros variados, indo da escrita de tratados à composição de crônicas; obras que conseguiram fixar uma imagem divinizada do poder régio.

O primeiro confronto de nossos documentos e a leitura dessas obras historiográficas sugeriram a importância de se discutir o papel de Santa Cruz e da Corte avisina na preservação do passado português. Da iniciação científica aos primeiros meses do mestrado, conseguimos formular as questões condutoras deste trabalho: em que medida a organização da Corte avisina tem suas raízes no universo monástico? É possível notar uma continuidade entre os escritos monásticos e os de Corte? Ao contrário, pois, de tentar pensar, como Kantorowicz — o

---

3 Cf. Kantorowicz, 1998.
4 Cf. Quillet, 2001.

que seria inviável em uma dissertação —, nas trocas entre a Igreja e o poder laico em Portugal, ou melhor, em como as instituições da Igreja serviram de base para as instituições do Estado português em formação nos séculos XIV e XV, restringimo-nos a refletir apenas sobre as contribuições do mundo monástico para a construção da memória do reino de Portugal, que aos poucos vai se assumindo como laica. Não temos, assim, qualquer pretensão de analisar a natureza dos poderes sacros e profanos, mas de pensar em que medida a produção escrita dos mosteiros portugueses colaboraram no desenvolvimento do saber da Corte de Avis. A relação entre o laico e o profano, pois, será aqui examinada apenas no que diz respeito à escrita da história.

Além dessa primeira interrogação, analisaremos, neste trabalho, como os poderes monásticos e de Corte construíram um conjunto de possibilidades restritas quanto às posturas e às condutas sociais, cujo interesse era atender a um grupo específico de pessoas: grandes cavaleiros e outros nobres ilustres. É assim que, nos séculos XIV e XV, podem ser notados esforços no sentido de produzir um saber para educar nobres e reis, o que resultou em um aumento significativo no número de obras voltadas para o enaltecimento das glórias do reino português, entre as quais se encontram as crônicas; obras caracterizadas por sua função documental, de evitar o esquecimento, e pelo objetivo moralizante de idealizar o presente e o futuro por meio da releitura do passado.[5]

Acerca das fontes, vale destacar que as obras monásticas selecionadas, embora sejam menores quando comparadas às crônicas régias, ocuparam um significativo espaço no século XIV, ou seja, desempenharam um papel semelhante ao que mais tarde vieram a ocupar as crônicas régias.[6] A escolha das *Crónicas breves* como uma das fontes prioritárias desta pesquisa justifica-se porque essas crônicas são as únicas crônicas monásticas em língua vernácula que se voltam intei-

---

5 Cf. França, 2006.
6 Temos que esclarecer a nossa opção de atualizar a grafia do português das citações feitas na íntegra para facilitar a leitura. Atualizamos a grafia tanto das crônicas régias e monásticas como de outros materiais pesquisados dos séculos XIV e XV.

ramente para os assuntos internos de Portugal, incluindo as histórias de D. Afonso Henriques, de D. Sancho I, D. Afonso II, D. Sancho II, D. Afonso III e D. Dinis. Essas crônicas foram primeiramente publicadas por Alexandre Herculano nos *Portugaliae Monumenta Historica Scriptores*, dividido em quatro partes, sendo as duas primeiras fragmentadas e com pouca definição. Já a terceira parte conta com uma narrativa das façanhas de D. Afonso Henriques contra os mouros, e no último excerto aparecem breves histórias dos primeiros reis portugueses. Quanto às crônicas laicas, foram selecionadas, pela sua importância e por terem sido produzidas sob a égide do poder real, a *Crónica de 1419* e as crônicas de Fernão Lopes, de Gomes Eanes de Zurara e de Rui de Pina.[7] Todas elas foram escritas na Torre do Tombo, Arquivo régio que possuía duas funções: servir de *scriptorium* aos cronistas e também ser o principal lugar onde se conservava os documentos reinóis. Os cronistas eram, pois, funcionários régios encarregados de escrever as crônicas encomendadas pelos próprios reis e responsáveis também pela conservação dos documentos do referido arquivo. Pode-se considerar a criação desse Arquivo régio como uma medida da Corte avisina que visava concentrar em um único espaço uma variedade de obras consideradas fundamentais pelos cronistas; obras que foram, a propósito, as principais fontes desses historiadores (Serrão, 1972, p.37).

Procuramos mapear, no primeiro capítulo, as experiências de escrita da história anteriores à fundação do cargo de cronista-mor e da construção do arquivo da Torre do Tombo, para, só no segundo capítulo, analisarmos a passagem dessa escrita monástica para uma escrita de Corte. No primeiro capítulo, partimos da hipótese de que o mosteiro de Santa Cruz, no século XIV, ocupou um espaço no reino

---

7 No que diz respeito às primeiras, não discutiremos o problema da autoria, se foi, como afirma Magalhães Basto, de Fernão Lopes, ou, como defende Costa Pimpão e Almeida Calado, entre outros, de um cronista anônimo. Entendemos que pouco muda se comprovado o nome de quem primeiro compilou a referida crônica, pois nos interessa, sobretudo, entender os valores a ela atribuídos na Corte avisina. Cf. *Crónica de cinco reis de Portugal*, 1945; Pimpão, 1959, p.224; Pimpão, 1972; Calado, 1998. p.XXXVIII.

similar ao que seria posteriormente ocupado pela Corte, redigindo documentos como crônicas e obras de referência, e tomando para si a responsabilidade sobre certos atributos e tarefas que mais tarde diziam respeito às funções assumidas pelo Arquivo e pela Livraria régia dos reis avisinos.

Já no segundo capítulo, nossa ênfase recairá sobre como, entre os séculos XIV e XV, foram substituídos, em Portugal, o lugar onde se escrevia a história do reino e as pessoas que a escreviam. Se antes eram monges copistas que tomaram para si a tarefa de compor a história do reino, no século XV, cria-se, na Corte, um cargo destinado exclusivamente a essa tarefa. Nesse contexto, escrever começou a tornar-se um ofício relativamente disciplinado que, como uma matéria universitária, se aprendia consultando livros e pensadores da Antiguidade. Portanto, entre os séculos XIV e XV, transformações importantes na produção do saber tiveram lugar, entre as quais se situam aquelas relativas ao fazer histórico, que é o objeto desta pesquisa. Alguns pontos serão prioritariamente abordados: o papel do arquivo histórico e da biblioteca régia, a ordenança da vida na Corte e o lugar da história nessa sociedade laical.

No último capítulo, nosso ponto de partida são as relações entre a visão de história dos crúzios e a dos cronistas régios acerca dos modelos ideais de virtude. Realizaremos um estudo comparativo entre os fundamentos do fazer cronístico monástico e de Corte para percebemos aspectos fundamentais da escrita da história, em Portugal, entre os séculos XIV e XV. Dito de outro modo, o propósito aqui é definir o papel do fazer cronístico monástico na formulação de parâmetros para a sociedade da época, que foram retomados posteriormente pelos cronistas régios. Será nossa preocupação entender, portanto, que práticas sociais entrecruzam-se entre a sociedade pintada nos escritos monásticos e a de Corte, principalmente as práticas que expliquem os porquês de a sociedade descrita pelos cronistas ter se definido entre momentos dedicados à guerra e à paz. É a partir dessa discussão acerca da paz e da guerra, ou seja, de como a história contada pelos cronistas se equilibrava entre essas duas dimensões, que mostraremos o modo como esses homens concebiam a existência dos nobres.

Em suma, começaremos por um estudo dos delineamentos do saber monástico, em Portugal, para, em seguida, mapear a produção do saber na corte avisina e, enfim, discutir a troca de valores entre esses dois universos. Duas perguntas de fundo conduzirão as demais: em que medida o estilo de vida monástico pôde influenciar na formação de costumes e valores avisinos? Qual o papel das crônicas na ordenança da vida no reino português entre os séculos XIV e XV?

1
OS MOSTEIROS E A PRODUÇÃO ESCRITA EM PORTUGAL

O lugar dos mosteiros na vida do reino

Na hagiografia sobre o cônego São Teotônio, trasladada para o português, no século XIV, por um monge anônimo do mosteiro agostiniano de Santa Cruz de Coimbra, aparece a seguinte história da fundação desse mosteiro:

> [...] na era de 1171,[1] ou ano da Encarnação do Filho de Deus, 1132, se juntaram [os padres] em um Mosteiro, no tempo do claríssimo Infante Afonso, filho do Conde D. Henrique e da Rainha D. Tereza; o qual Infante era então Duque de Portugal; mas no decurso do tempo, por liberdade da graça divina, foi ilustre Rei de quase toda a Lusitânia e parte da Galiza. Animados por autoridade deste Príncipe, e por conselho do Venerável Bispo de Coimbra, D. Bernardo e de todos os bons de uma e de outra ordem, começaram e edificar o Mosteiro em honra de S. Cruz e da Beata Virgem Mãe de Deus, nos ditos banhos, a 4 das Calendas de Julho, na Vigília dos Apóstolos Pedro e Paulo: e a 6 das Calendas do seguinte Março

---

1 A era hispânica ou de César era um calendário com datações diferentes em relação ao calendário Juliano. Durante a Idade Média, utilizou-se em Portugal mais de um calendário e, somente na primeira metade do século XV, D. João I utilizou o calendário Juliano como padrão.

[...], já não doze, mas quase setenta e dois se armaram soldados de Cristo, para viver em comum, seguindo o propósito dos Apóstolos, com o hábito e regra de S. Agostinho. (*Vida de S. Teotônio*, in: Pimenta, 1948, p.88-9)

Embora o objetivo dessa obra fosse descrever as virtudes e os costumes santos da beata vida de São Teotônio, a história do mosteiro ocupou significativo espaço na trama. O copista anônimo apresentou um homem que, desde criança, já era um devoto das palavras de Deus e que, quando adulto, pôde fazer da sua fé exemplar instrumento para instruir o rei Afonso Henriques na luta contra os mouros. O relato da vida de São Teotônio confunde-se, portanto, com a própria história do mosteiro de Santa Cruz de Coimbra, pois foi como prior deste mosteiro que ele se consagrou na sua vida apostólica, regida, segundo o copista anônimo, pelos ensinamentos da Regra de Santo Agostinho. Entre os séculos XIV e XV, as obras compiladas em vernáculo no *scriptorium* de Santa Cruz, como a hagiografia *Vida de S. Teotônio* e as *Crónicas breves e memórias avulsas do mosteiro de S. Cruz de Coimbra*[2] – texto mais assumidamente histórico –, alimentaram-se principalmente das histórias da época em que Afonso Henriques fundou o mosteiro. Por isso mesmo, a preocupação de Santa Cruz se voltou, logo nos primeiros tempos, para relacionar a trajetória do mosteiro e a formação de Portugal, levando em consideração que o reino fora demarcado a partir das igrejas, mosteiros e bispados que ali foram estabelecidos. Muitas são as referências nos escritos crúzios

---

2 Segundo L. Krus, as *Crónicas breves* foram escritos de fundo histórico compilados no século XV e impressas, pela primeira vez, por Alexandre Herculano no século XIX. No século XVI, Santa Cruz teve ainda o cuidado de encadernar todos os manuscritos das futuras *Crónicas breves* com o nome de *Livro de lembranças*. Para mais informações, ver: Krus, *Crónicas breves*, in: Lanciani; Tavani, 1993, p.185-186. Já Saraiva (1991) diz que as *Crónicas breves* foram escritas no século XIV e que se remetiam a uma tradição jogralesca do século anterior. Rodrigues Lapa (1966, p.268-9), ao contrário de L. Krus e de Saraiva, contesta qualquer fixação de uma possível data para a origem das *Crónicas breves*, uma vez que a escrita monástica portuguesa não se atualizava com frequência, por isso, um manuscrito que, aparentemente, era do século XV, pode ser do século XIV. No entanto é sabido que cada fragmento desta crônica se refere a um documento em especial e foi compilado em uma época diferente dos restantes.

que mostram como os monges viam o passado de Portugal atrelado ao do mosteiro, mas, antes de examinarmos melhor essas referências, é necessário discutir como os mosteiros se disseminaram por Portugal e a importância da Regra de Santo Agostinho na formação da conduta monástica entre os séculos XIII e XIV, período no qual se compilaram as referidas *Crónicas breves*.

De saída, é válido dizer que, nesse período, o poder monárquico português procurou se alicerçar sobre bases eclesiásticas. Os primeiros monarcas portugueses, a propósito, usaram a divisão clerical em bispados para gerenciar o reino e as instituições eclesiásticas para representar o poder temporal em lugares onde o rei não estava.[3] Essa inter-relação entre as instituições eclesiásticas e monárquicas estava longe de ser peculiaridade de Portugal. Por exemplo, na França, o aparelho administrativo clerical influenciou, sobretudo, a divisão administrativa do território, a organização de assembleias representativas e os tipos de impostos implementados.[4] Assim como nesse reino, o sistema administrativo português acompanhava o desenvolvimento das estruturas eclesiásticas.[5] Foram as instituições clericais, em Portugal, que deram o primeiro passo para a delimitação do reino, tanto na formação de modelos administrativos como na montagem do primeiro arquivo histórico, pois os mosteiros portugueses tomaram para si a responsabilidade de auxiliar o poder monárquico a gerir o reino em seus primeiros tempos.

Entre os séculos XII e XIV a fundação de mosteiros na Península Ibérica representou, em linhas gerais, uma das mais recorrentes iniciativas dos reis. Em Castela, por exemplo, o rei Afonso VIII (1158-1214), com a conquista de *las novas de Tolosa*, fundou a ordem militar de Calatrava. Diga-se de passagem, a fundação de novos mosteiros

---

3 Para efeitos administrativos, usava-se, até meados do século XIV, a divisão eclesiástica em bispados, depois se começou a aplicar a divisão judicial em comarcas e em almoxarifados. Nesse sentido, o período abordado pelas *Crónicas breves* é marcado por um governo régio que procurou se alicerçar sobre bases eclesiásticas. Cf. Marques, 1987.
4 Ver Verger, in Genet; Vincent, 1986, p.31-41.
5 Cf. Kantorowicz, 1998.

sob a responsabilidade do monarca foi maior nos reinos de Portugal e de Castela, onde os reis precisavam consolidar a fé cristã durante um período de instabilidade política.[6] Na França, diferentemente, como já existia uma quantidade significativa de mosteiros estruturados, como Saint-Denis e Fleury, os reis capetíngios puderam simplesmente apropriar-se da estrutura existente para auxiliá-los na administração interna do reino.[7] Estrutura com a qual não puderam contar os primeiros reis portugueses, pois, com raras exceções, os mosteiros anteriores ao governo de Afonso Henriques sucumbiram aos ataques mouros ou não conseguiam se manter por muito tempo sem proteção senhorial ou monárquica.[8] Por isso, fundar mosteiros foi uma política de reis portugueses nos primeiros passos da formação do seu reino. Por exemplo, para controlar o território conquistado, o primeiro desses reis espalhou mosteiros agostinianos e beneditinos por Portugal com o propósito de que sua autoridade e a fé cristã não se dissolvessem no meio das incursões mouriscas. É nesse contexto que Afonso Henriques viabiliza a entrada, em Portugal, das ordens de Cister e de Santo Agostinho, oferecendo aos mosteiros dessas ordens bens e proteção.

Entre o Douro e o Tejo, com o incentivo dos primeiros monarcas portugueses, cresceram os principais mosteiros do reino. A partir dessa região delimitada por esses rios, as regras de São Bento e de Santo Agostinho ramificaram-se para outros lugares, alcançando, ao norte, Bouças e Bouro e, ao sul, Avis, Castris, Évora e Beja. Em outras palavras, de Santa Cruz de Coimbra e de Alcobaça partiram monges instruídos que levaram aos locais mais distantes do reino as suas respectivas regras monásticas para a construção de novos mosteiros. No entanto, o que mais facilitou a rápida ramificação das ordens

---

6 Cf. Barbosa, 1991, p.17.

7 Cf. Guenée, 1980.

8 Duby, por exemplo, se refere a Saint-Denis, em algumas de suas obras, como um mosteiro do reino francês, onde a memória dos reis foi escrita e também onde reis, como Felipe Augusto, foram sepultados. Este mesmo historiador, quando comenta sobre Claraval, diz que ele representou mais a cristandade na França. Ver também: Pacault, 1970, p.107.

monásticas pelo território português foi o interesse da monarquia portuguesa, no século XII, de que a fé cristã fosse conhecida em todo o espaço conquistado aos mouros. É de se sublinhar que antes dessa época predominavam os mosteiros de ordem mista, conciliando as regras de São Frutuoso, São Isidoro de Sevilha, São Martinho de Dume e, principalmente, de São Bento.[9] Contudo, no século XII houve a adoção de regras únicas, trasladadas da França por monges do mosteiro de Claraval ou do mosteiro de São Rufo de Avinhão. Tão logo essas regras foram introduzidas, as palavras da Ordem agostiniana e beneditina transformaram-se em orientações prescritivas aos monges portugueses, levando, por um lado, ao abandono dessas regras mistas e, por outro lado, ao fortalecimento principalmente dos mosteiros que adotaram uma única regra, como Santa Cruz de Coimbra. Assim, os principais mosteiros portugueses ergueram seu sistema administrativo sob a égide dos conselhos de grandes santos, homens que refletiram sobre a importância da vida cenobítica para a manutenção da ordem na Terra; como se os mosteiros fossem um microcosmo do reino ou uma pequena estrutura na qual se poderiam encontrar os verdadeiros sinais de fé do reino português. E, para entendermos esse processo, vejamos, pois, as principais características dessas Regras.

Os preceitos que fomentariam as bases da Ordem Agostiniana, do século XIII em diante, encontram-se magistralmente sintetizados em um breve texto de Santo Agostinho sobre os modos como o monge poderia obter o perdão divino e levar em um mesmo grupo uma vida comum, reta e simples.[10] Esse perdão viria, sobretudo, quando o religioso passasse a conhecer, de fato, a importância de regrar a sua vida

---

9 Cf. Matosso, 1987, p.167-81.
10 Segundo Agostinho, seu primeiro modelo de vida em comunidade com seus amigos contava somente com dez homens. Em Tagaste (388), já batizado, construiu uma comunidade na qual, segundo seu discípulo Posídio, "viveu para deus em companhia dos amigos que estavam juntos a ele, entregue à oração, ao auxílio, às boas obras, meditando dia e noite na lei do senhor". Contudo, foi só em Hipona que Agostinho alicerçou um monacato da forma como se entendeu na Idade Média. Também é valido notar que Agostinho não projetou a ordem, ele somente escreveu o texto que no século XII serviu de base para que se fizesse a Ordem. Cf. Cuesta, 1995, p.37-41.

nos ditames de sua comunidade. Por isso, ele deveria ler semanalmente o livro da Regra, procurando memorizar os princípios que delimitavam a vida cenobítica.[11] Grosso modo, de várias formas essa comunidade tentava remodelar as suas práticas, principalmente porque se via, nesse texto, um conjunto de doutrinas elaboradas para os monges incorporarem a moral cristã em seu dia a dia. Em outras palavras, segundo essa proposta de vida, se o monge quisesse a sua própria salvação divina precisava, primeiramente, conhecer a disciplina de seu grupo, pois era pondo em exercício as condutas ensinadas na regra que o monge se fortaleceria moralmente. Em Santa Cruz de Coimbra, os crúzios também se orientavam pelo costumeiro de seu mosteiro fundador, o mosteiro francês de São Rufo. Esse documento monástico acolhia um conjunto de normas destinadas a orientar o clero no desempenho correto do ofício divino, entendido também como conjunto de todas as atividades litúrgicas. No que diz respeito à ordenança da vida, essa obra anuncia que a

> [...] ordem é a disposição que dá lugar a todas as coisas [...]. Assim como diz nosso mestre e doutor S. Agostinho: Todas as coisas que não são ordenadas são folgadas [...]. E assim nos manda e ensina o bem aventurado S. Paulo, dizendo que todas as coisas sejam feitas honestamente e segundo ordem. (Costumeiro de S. Rufo, apud Martins, 1983, p.205)

Ora, para se dispor às graças divinas, o monge precisava conhecer a natureza que Deus lhe conferiu. Nesse sentido, este religioso seria sábio quando voltasse a sua vida para uma única causa, que era o conhecer verdadeiramente a si mesmo, isto é, os seus limites, suas virtudes e o seu potencial de abstenção das coisas supérfluas.[12]

A Regra de São Bento também enfatizou a necessidade da ordenança na vida do monge, por entender que a disciplina seria o principal meio para fortalecer o corpo e a alma desses homens. A ordem beneditina de Cister objetivou convencer os monges portugueses, como

---

11 Cf. Cilleruelo, in Agostinho, 1973, vol. 12, p.615-20.
12 Cf. Gilson, 2006.

a própria Regra diz, a "militar na santa obediência dos preceitos".[13] Para Cister, o luxo, o ócio e certos descuidos espirituais fizeram da vida monástica uma traição aos ensinamentos de São Bento. Além disso, o texto ainda afirmava que deveriam "constituir uma escola de serviço do Senhor"[14] e ninguém, no mosteiro, poderia seguir "a vontade do próprio coração", somente os fundamentos de seu grupo. Foi a partir desses ensinamentos do texto da Regra que Cister pretendeu reviver a Ordem. Portanto, veio de fora a principal ajuda do rei para proteger suas instituições clericais e, pode-se dizer, os mosteiros agostinianos e beneditinos levaram Portugal a participar de um movimento monástico no qual toda a cristandade já se inseria (Matosso, 1985a).

Para ambas as Regras, atitudes e ações que não fossem predeterminadas na Regra induziam o monge ao seu desvirtuamento, pois acontecimentos maus sempre se manifestariam na vida do religioso quando descumprisse as leis de seu grupo. O monge era, desse modo, o único que poderia responder pelas suas faltas e deslizes, saber qual o momento de atender às obrigações do grupo e os compromissos assumidos não só com a Ordem, mas, sobretudo, com Deus. A obediência a Deus e à Regra deveria ser feita "sem tremor, sem delongas [...]"[15] e sem respostas de que não queria cumprir tais ensinamentos. Além disso, o monge era aconselhado a ser humilde, de modo que, para não praticar a soberba, a regra agostiniana ressaltava uma passagem da Escritura que dizia: "Todo aquele que se exalta será humilhado e todo aquele que se humilha será exaltado"[16]. Assim, a vida do monge estava orientada em todas as suas dimensões por uma única disciplina, ou seja, ensiná-lo a verdadeira forma de seguir humildemente os passos de Cristo no cotidiano. E, caso o monge viesse a faltar com a regra,

---

13 Disponível em: <http://www.cristianismo.org.br/regra-01.htm>. Acesso em 15 out. 2008.
14 Disponível em: <http://www.cristianismo.org.br/regra-01.htm>. Acesso em 15 out. 2008.
15 Disponível em: <http://www.cristianismo.org.br/regra-04.htm>. Acesso em 15 out. 2008.
16 Disponível em: <http://www.cristianismo.org.br/regra-05.htm>. Acesso em 15 out. 2008.

ele poderia ser advertido, reprimido publicamente, excomungado ou submetido a castigos corporais. Tal ordenança, como veremos no último capítulo deste estudo, será decisiva para oferecer parâmetros de virtude para os personagens, religiosos e leigos, da história que será elaborada no âmbito do mosteiro de Santa Cruz, em especial as *Crónicas breves*.

Outra consequência do uso prescritivo dessas regras é o modo como essas Ordens conseguiram centralizar o controle administrativo do mosteiro nas mãos do abade e do prior, dinamizando ainda mais as funções monásticas no reino no momento em que houve o interesse de se efetivar um controle rígido sobre as diversas igrejas e mosteiros (Matosso, 2000, p.165-7). Isso porque a solução para ordenar a comunidade monástica era, segundo Santo Agostinho (1973, p.656), formar "o melhor governo" que conseguisse distribuir as atividades aos monges no tempo mais apropriado, evitando tumultos e confusões entre os religiosos. É nítido que mosteiros menores ficaram submetidos aos interesses e incursões dessas Ordens maiores, estimulando as instituições eclesiásticas a se tornarem organizadas sob a mesma ótica administrativa. Nesse período, desenvolveu-se, portanto, uma estrutura eclesiástica sólida e coesa, espalhada por Portugal (Matosso, 1987, p.170-1).

Além de a fundação do mosteiro de Santa Cruz ter feito parte, como já foi apresentado, da política de Afonso Henriques de organizar a vida do reino a partir de instituições clericais, bem como de fortalecer edifícios eclesiásticos para consolidar a moral cristã, o mosteiro teve, nos séculos XIII e XIV, papel significativo no desenvolvimento de uma vida econômica e cultural, pois, nos seus arredores, como nos de outros mosteiros e igrejas, proliferaram mercados e festas populares (Sampaio, s.d, p.52). A partir dessas Ordens, os mosteiros se organizavam para serem prestativos aos homens do reino, aos reis, príncipes e demais gentes que necessitavam de acolhimento espiritual. D. Egas, bispo de Viseu, em 1311 escreveu a *Suma das liberdades eclesiásticas*, na qual defendia que os clérigos estariam isentos de qualquer imposto, não podendo ser chamados a juízo secular; da mesma forma, os bens da Igreja não podiam ser retirados da posse de seus atuais administradores. Como se vê, os clérigos foram procurando cada vez mais espaço e direitos para que pudessem zelar pela fé (Ventura, 1997, p.30-51). A *Vida de S. Teotônio*, por exemplo, refere-se ao papel de Santa Cruz como acolhedor de mulheres, crianças e homens que vinham de todas as partes e, em certa altura dessa obra, o monge copista anuncia que São Teotônio havia convencido Afonso Henriques a liberar

> [...] mais de mil homens, que vinham escravos, além das mulheres e meninos e qualquer um dessa gente que quisesse ficar em Coimbra. O santo deu lugar para eles morarem junto ao mosteiro e por muitos anos os sustentou da fazenda do mosteiro, como pobres que ignoravam os usos da terra. (apud Pimenta, 1948, p.91)

A partir do século XII, Santa Cruz se tornou uma espécie de coordenador da ordem social portuguesa, cuidando do contato que os leigos passavam a ter com a liturgia. Esse mosteiro e outras instituições da Igreja, como a diocese de Évora e o bispado de Lisboa, organizavam missas, romarias e festas populares que contribuíam para inserir os homens do reino no interior da vida religiosa.[17] Desse modo, os crúzios e outros clérigos atentaram para a ordenação dos cultos cristãos em Portugal.[18] Além disso, as intervenções de Afonso Henriques nos assuntos de fé não se restringiam somente à criação de mosteiros. O primeiro monarca português, além de construir o mosteiro de Santa Cruz de Coimbra, em 1131, e o mosteiro de Tarouca, em 1147, também reconstituiu o plano das dioceses, utilizando um mapa de origem suevo-visigótica.[19]

O que de fato importa saber, no entanto, é que os próprios crúzios se viam como responsáveis pelos homens do reino, tomando para si uma responsabilidade que posteriormente fora assumida pelo poder monárquico. É por esse motivo que se pode dizer que, entre os séculos XII e XV, a estrutura eclesiástica fundada por Afonso Henriques intensificou a sua influência pelo território, zelando pela fé cristã e

---

17 Cf. Matosso, 1997, p.36-40.
18 Cf. Matosso, 1985a, p.200-4.
19 Cf. Lencart, 1997, p.27-8.

pela cultura escrita. Mas antes de desdobrar esse papel dos mosteiros no desenvolvimento, que é justamente o que nos interessa aqui, vale lembrar que as instituições eclesiásticas cumpriram o importante papel de servir ao poder régio, enviando clérigos para desempenhar funções administrativas. Como não havia ainda uma Corte para governar o reino, os mosteiros, dioceses e bispados cumpriram tarefas que seriam equivalentes às que as Cortes posteriormente assumiram. São Vicente de Fora e Santa Cruz foram os principais locais onde os reis Afonso Henriques e Sancho I buscaram esse apoio. Em razão desse comprometimento político, as instituições eclesiásticas montadas em Portugal mantiveram um amplo contato entre si. Desde a fundação de Santa Cruz, os clérigos auxiliavam de várias formas a normatização da estrutura administrativa monárquica, e os reis, por sua vez, colaboravam para a funcionalidade das instituições clericais. Cabe dizer ainda que, antecipando as estruturas administrativas da corte portuguesa, esses mosteiros conseguiram dar o primeiro passo para que fossem erguidas as bases de um conhecimento histórico português, fundando um fazer cronístico voltado exclusivamente à escrita das glórias e méritos do reino.

O lugar de Santa Cruz no reino, entre os séculos XII e XIV, é especialmente destacado, sobretudo por dois fatores: as circunstâncias históricas favoreceram que os mosteiros, além de zelarem pela fé cristã por meio do ordenamento do culto, fizessem da escrita cronística um meio para que os valores cristãos fossem preservados, conjuntamente com a construção da memória do reino. Esses dois pontos tornam-se indissociáveis, uma vez que Santa Cruz se inseria, desde o século XII, em uma rede de instituições clericais, cujas principais funções no reino eram o cuidado da fé e a preservação do conhecimento como um complemento das atividades religiosas. Cabe-nos, pois, a partir de agora, analisar a relação entre este e outros mosteiros com a escrita, ou seja, iremos mapear as iniciativas monásticas relacionadas à construção do saber português, por meio da criação de arquivos, da escrita de crônicas, do estímulo à leitura no claustro, da organização de bibliotecas e da exaltação da memória na formação de uma cultura histórica.

Arquivos e produção escrita monástica

Ao lado das funções de cristianizar os homens e garantir que o rei sempre tivesse ao seu lado bons clérigos para aconselhá-lo em várias matérias administrativas, a estrutura eclesiástica fundada por Afonso Henriques desempenhou um papel que aqui nos interessa mais diretamente: o de conservar a memória do reino por meio da escrita.[20] O que Afonso Henriques fez foi atribuir aos mosteiros a função de mantenedores da moral cristã. Para tanto, Santa Cruz, além de cuidar da moral fora do mosteiro, levando a palavra de Deus para os homens do reino, fez do seu *scriptorium* um lugar onde se registrava a história de Portugal e, consequentemente, se construía uma história até então dispersa e não ordenada e exaltada. Daí que as funções que mais tarde, no século XV, assumiram os leigos como cronistas-mores, eram, entre os séculos XII e XIV, assumidas pelos clérigos ou monges. No entanto, entre esses dois séculos, a produção histórica de Santa Cruz não era propriamente unificada, pois várias eram suas formas de elaboração, indo da configuração mais simples, os anais, à mais desenvolvida, as crônicas.

No que diz respeito aos anais, os temas neles contidos mostram uma preocupação com necessidades básicas, como alimentação, segurança e respeito aos inimigos externos. Quanto à forma, esses registros analíticos não possuem conclusão, assemelhando-se a uma lista que descreve eventos breves. Os monges copistas descreviam, desse modo, os temas elencados nesses anais com poucas informações e detalhes, sem conduzirem-se necessariamente por um assunto norteador. Por exemplo, o corpo do *Chronicon Conimbricense* (in Pimenta, 1948, p.6), composto no século XII, era formado por fragmentos bem curtos,[21] como é ilustrativa a seguinte passagem: "Ao ano da era de mil iiij sete anos; / E El Rey dom. / Fernando estava em Portugal/ Casamento com sua./ E o Henrique também/ Estavam ali muitas boas gentes e grandes". Assim, os copistas simplesmente

---

20 Cf. David, 1947, p.261-3.
21 Ibidem.

lançaram dados sobre a presença de um rei chamado Fernando em Portugal e comentaram de um casamento, mas não contextualizaram essa cerimônia.

As crônicas, ao contrário, mostram-se mais elaboradas. A *IV Crónica breve*, por exemplo, apresenta um centro geográfico e temático, isto é, uma ordem, desdobrando no curso da narrativa um propósito moralizante.[22] Essa nova diretriz torna-se possível apenas no fim do século XIV, quando os acontecimentos são descritos em forma de relato e os cronistas monásticos começam a elaborar obras que iam além de um texto em forma de lista para montar uma crônica recheada de histórias com início, meio e fim. Uma outra diferença entre os anais e as crônicas é a menção a fontes utilizadas na elaboração do relato. Embora não fosse frequente, Santa Cruz começou a mencionar documentos ao longo de suas crônicas, por exemplo, a *I Crónica breve* (1969, p.25) menciona a *Crónica de Espanha* para se referir às virtudes celibatárias de D. Sancha, filha do rei D. Afonso de Castela. Todavia, o que, de fato, importa saber é que Santa Cruz priorizou, no século XIV, uma escrita da história preocupada ainda mais com a vida do reino português, relatando histórias relativamente longas a respeito de reis, cavaleiros e religiosos.

O mosteiro de Santa Cruz de Coimbra, como Saint-Denis, na França, zelava pela alma dos primeiros reis de Portugal também a partir da escrita da história de seus reinados, além de preservar seus corpos no espaço sagrado da igreja, como foi o caso de Afonso Henriques e de Sancho I. Assim, tanto na França como em Portugal, o mosteiro, além de abrigar os corpos dos reis, guardou nos manuscritos ali preparados as façanhas desses monarcas para a posteridade, responsabilizando-se, portanto, com o corpo e, sobretudo, com a memória do rei a ser fixada.[23] Mesmo depois de séculos da morte de Afonso Henriques, ele continuou sendo a personagem principal das obras que Santa Cruz produzia, pois tinha sido ali, como ressaltam as *Crónicas breves* em mais de uma passagem, a última morada do rei.

---

22 Cf. White, 1992, p.25.
23 Cf. Schmitt, 1999, p.80-3.

Antes da criação do cargo de cronista-mor, em 1434, o *scriptorium* de Santa Cruz, como vimos, era um dos poucos lugares onde se registravam as histórias dignas de fé. Para que o poder monárquico se mantivesse era necessário um saber, um conhecimento que assegurasse moralmente esse poder (Blanchard ; Mühlethaler, 2002, p.188). Santa Cruz nada mais fez do que garantir, por meio da escrita, a imortalização e sacralização de um passado que é construído com diversos ornamentos morais, amparados na ideia de que Deus interferia constantemente na vida dos homens e do reino português. Os crúzios procuravam apresentar uma ordem social, um universo que se equilibrava a partir do cruzamento do papel social dos mosteiros e da vontade da monarquia de restaurar a fé cristã em Portugal. Desse modo, a história que Santa Cruz nos conta não passa de um ajuntamento da história dos santos, das relíquias e dos soberanos do reino português.

No século XIV, grosso modo, os escritos dos crúzios relacionavam informações relativas ao passado do mosteiro com referências aos monarcas, elaborando um conjunto de textos fundados em uma visão régio-monástica da história de Portugal (Cruz, 1968). Em outras palavras, era prática corrente, em Santa Cruz, uma escrita que fazia da própria memória do mosteiro um caminho para explorar a história do reino. A bem da verdade, para o *scriptorium* de Santa Cruz, a partir da criação do mundo existia somente uma história possível para ser descrita, ou seja, uma única ordem para que os eventos históricos se combinassem, uma ordem controlada de cima, ou melhor, conduzida pela vontade divina. Buscando respeitar essa ordem, os monges copistas do mosteiro de Santa Cruz de Coimbra fixaram o lugar da fundação de Santa Cruz no mesmo plano da origem de Portugal. Assim, nas hagiografias ou nas crônicas monásticas de Santa Cruz dos séculos XII ao XV, os temas pouco variavam, sendo correntemente retomados pelos monges copistas o processo de Reconquista e a fundação de mosteiros, igrejas e bispados do século XII. A título ilustrativo, segundo as *Crónicas breves*, Afonso Henriques fez as maiores casas de oração que havia nesses reinos, "a saber, o mosteiro da virtuosa Santa Cruz, e o mosteiro de Alcobaça, e o mosteiro de São Vicente de Fora" (*Crónicas breves*, p.25); além disso, ele foi o primeiro que ordenou "a ordem de

São Tiago em Portugal" (ibidem, p.25). Como se vê, para as *Crónicas breves* a história da vida religiosa ganhou importância já no começo da formação do reino, quando Afonso Henriques construiu não só as principais casas de oração, mas trouxe para Portugal a primeira ordem militar.[24]

O recuo temporal, a propósito, foi um mecanismo utilizado amplamente pelos crúzios com a finalidade de mostrar que a história de Portugal se iniciou com a criação desses mosteiros, como Santa Cruz, Tarouca e São Vicente de Fora. Esse recuo temporal também pode ser explicado pela tentativa de "presentificar" o passado, tornando as lembranças passadas cada vez mais próximas.[25] Cabe notar, entretanto, que a escrita da memória no interior de Santa Cruz servia de apoio ao principal propósito dessa comunidade monástica, uma vez que, segundo a Ordem, o que levava o monge a ter uma vida cenobítica era a vontade de viver fora do mundo, distante das vaidades terrenas.[26] Portanto, como se viu, para a comunidade monástica o regramento da vida estava em primeiro lugar e a escrita monástica nada mais era do que uma forma para confirmar os preceitos da Ordem e da doutrina cristã.[27] Ao longo da Idade Média, monges, como o cônego cisterciense São Bernardo, condenavam tentativas de entender os mistérios divinos apenas com os recursos do intelecto, sem levar em consideração a esfera sagrada de todos os acontecimentos históricos. Nesse sentido, o que se propunha era uma escrita que respeitasse os dogmas cristãos.[28]

Os monges copistas faziam da elaboração de novos manuscritos, principalmente hagiográficos, uma forma de acesso a exemplos de vidas apostólicas, isto é, de vidas de mártires que conseguiram mortificar a

---

24 Sobre o papel das ordens militares na formação do reino português, ver: Peres, 1960, p.155-61.
25 Cf. Ricouer, 2007.
26 Para Bernard Guenée (1980), a escrita da história confunde-se com a própria escrita da memória na Idade Média. Pierre Nora, por sua vez, argumenta que a escrita da memória até o século XVII foi um mecanismo para se fazer história. Ver também: Nora, 1997, p.587-606.
27 Cf. Vauchez, 1995, p.62-3.
28 Ibidem, p.10.

carne e jejuar. Como a intenção da Ordem era educar seus monges para a vida apostólica, priorizou-se uma escrita que demonstrasse, sobretudo, a presença de Deus ao lado de quem realmente seguisse os passos dos Apóstolos.[29] Por isso, a construção de um *scriptorium* foi justificada pela sua serventia ao ofício litúrgico. E a oração, nesse caso, se complementava com os estudos religiosos, e o fazer cronístico, por sua vez, também prestava auxílio às funções litúrgicas,[30] de modo que as atividades relacionadas à produção do saber somente existiam quando eram para reafirmar a própria doutrina da casa por meio da refundição de diversas obras de origem cristã ou até mesmo pagã. As atividades do *scriptorium* eram de responsabilidade coletiva.[31] Assim, cabia a uma equipe de monges, cuja formação fora adquirida no próprio mosteiro, compilar e ornar os manuscritos.

No século XIV surgiu – como veremos mais detalhadamente no próximo capítulo – uma experiência paralela à do *scriptorium* de Santa Cruz de Coimbra, no que diz respeito à produção escrita sobre o passado, a do *scriptorium* da Corte do conde de Barcelos. Ao compilar a *Crónica geral de Espanha*, a intenção do conde de Barcelos era escrever em língua vernácula uma crônica a respeito dos antecedentes históricos da formação do reino português e também mostrar, assim como fez o mosteiro de Santa Cruz, os principais acontecimentos em torno da vida dos primeiros reis de Portugal.[32] Todavia, enquanto em Santa Cruz a produção de crônicas foi mais contínua, pois esse tipo de obra foi elaborado desde o fim do século XII, o fazer cronístico na Corte de D. Pedro foi uma prática esporádica, tendo se mantido em funcionamento por pouco tempo e tido como resultado assumidamente cronístico só a *Crónica de 1344*.[33] Diferentemente da Corte de Afonso X, que procurou sistematizar um número maior de obras, reunindo em seu *scriptorium* vários escribas ao longo do século XIII,[34] a Corte

---

29 Cf. Pacault, 1970.
30 Cf. Koselleck, 2006.
31 Cf. Guenée, 1980, p.46-53.
32 Cf. ibidem, p.XLIV.
33 Cf. Serrão, 1972, p.372-3.
34 Cf. Martin, 2000.

de seu neto, em Portugal, não teve o mesmo impulso de gerenciar um arquivo histórico permanente. É de se sublinhar que antes mesmo do surgimento dessa Corte senhorial Santa Cruz já promovia a escrita de textos históricos, conseguindo desenvolver ainda mais a produção de crônicas e outras obras no século XIV.

É nesse momento que a elaboração de anais, crônicas e hagiografias no mosteiro de Santa Cruz tornou-se uma prática corrente, testemunhando o empenho em compilar textos sagrados. Pode-se considerar a compilação como o principal instrumento do *scriptor* na elaboração de suas obras, tanto que é possível dizer que cada palavra acrescentada ao manuscrito revelava uma convicção religiosa ou uma atitude política (Guenée, 1980, p.214), de modo que os monges copistas tinham a convicção de que seus manuscritos contavam com um dedo de Deus na hora de serem compilados, ou seja, todo o labor dedicado ao texto era acompanhado do empenho do Criador para que as obras viessem a se concretizar. Além disso, os cronistas monásticos, ao seguirem os conselhos dos padres do Deserto e de Santo Agostinho, adotaram uma língua simples para escrever seus manuscritos, pois o que interessava, de fato, era o registro da verdade dos acontecimentos. Mas nosso objetivo, por enquanto, vai além da reflexão sobre a produção cronística. Para melhor entendermos a preocupação que os monges tiveram com o cultivo do saber, não só histórico, será necessário levar em consideração o papel da leitura no claustro, bem como as principais obras monásticas refundidas, em solo português, para depois podermos dar, enfim, maior ênfase à organização da memória pelos monges.

No que diz respeito à leitura, ela era, entre o rol de atividades do monge, uma das práticas mais exaltadas nos costumeiros da época. No caso da produção monástica, os escritos litúrgicos transmitiam um saber privilegiado, que servia para conservar um modelo delimitado de sociedade.[35] Assim, a própria organização da vida cotidiana de um mosteiro estava condicionada pelos costumeiros e obras litúrgicas. Quanto a essas normas, em Portugal o único costumeiro beneditino que não se perdeu com o decurso do tempo foi o do mosteiro de Pombeiro.

---

35 Cf. Zumthor, 1993.

O costumeiro de Pombeiro revela uma preocupação especial com a leitura da Sagrada Escritura, que podia ser feita no claustro ou entre os irmãos.[36] Esse costumeiro, partindo dos ensinamentos da Regra de São Bento,[37] previa que os monges se entregassem à leitura em certas partes do dia. A principal leitura era, por excelência, a Bíblia, mas, para conhecer a fundo as palavras de Deus, liam-se também obras de exegese da sagrada doutrina. É interessante notar que, no mosteiro de Pombeiro, havia o leitor e outro monge conhecido como *armarius*, que ficava responsável pelos livros. O *armarius*, além de zelar pelos livros, cuidava do evangelho que caberia ao leitor ler. No interior de Pombeiro, os monges, com a finalidade de organizar o ofício divino, repartiam todas as atividades, cabendo a um deles o trabalho de organizar a escrita do *scriptorium*, enquanto havia outros monges responsáveis pela leitura nos cultos e por zelar pelos livros.

No que diz respeito à elaboração do livro, o *scriptor* – monge copista – escrevia por ditado, resultando, pois, o manuscrito em uma recriação auditiva de vários outros textos.[38] Contudo, a cópia também podia ser feita no silêncio e, nesse caso, o monge copista repartia o manuscrito original em diversas partes, cada uma delas ficando sob a responsabilidade de um monge para reproduzi-la. Tais manuscritos eram lidos no silêncio do claustro ou em voz alta no refeitório ou no próprio *scriptorium*. Os monges cirtersienses adotaram técnicas de escrita que pressupunham a existência de um leitor que lia em voz baixa, apenas com os olhos.[39] Além disso, quando se lia em silêncio, a leitura era mais penetrante e o leitor podia, assim, tirar um número maior de informações do texto (Saenger, 1998, p.215). Hugo de São Victor, na obra *Didascalicon*, propôs três modalidades de leitura: ler para outras pessoas, escutar a leitura de outro e ler em silêncio; no entanto, já no próprio século XII, a leitura silenciosa passa a ser mais referida e prestigiada do que a leitura em voz alta. Pode-se dizer que

---

36 Cf. Lencart, 1997.
37 Para Luis de Sousa Rebelo, a Regra de São Bento foi um dos primeiros documentos transcritos em Portugal. Ver: Rebelo, 1982, p.180.
38 Cf. Zumthor, 1993.
39 Cf. S. Bento, principalmente o capítulo XXXVIII.

a partir do século XII ocorria uma uniformidade da ordem sintática das frases, deixando o texto mais claro e possibilitando uma leitura individual do texto (ibidem, p.213-59). Os beneditinos, por exemplo, consideravam a leitura em silêncio, ou seja, individual, intimamente relacionada com a meditação. Daí terem surgido técnicas de leitura silenciosa para facilitar principalmente a oração introspectiva.

Em linhas gerais, a leitura e a oração em silêncio passaram a caracterizar a espiritualidade monástica dos agostinianos e dos beneditinos, ficando as conversas apenas para discutir assuntos da casa com o prior. Em outras palavras, a leitura em voz alta era para os homens, já a comunicação com Deus se fazia de modo introspectivo. Desse modo, para Agostinho, orar é um pedido que o homem faz a Deus no íntimo da alma. No texto da ordem, Agostinho acrescenta o seguinte: "Quando orais a Deus com salmos e hinos, que o coração sinta o que dizem os lábios" (Agostinho, 2003, p.9). Assim, pode-se dizer que Agostinho definiu a oração cristã como um processo de rememoração que busca, no fundo da alma, as palavras ensinadas por Deus. Além de a oração ser introspectiva, o modelo de vida que Agostinho propunha consistia em um modo de introspecção coletiva. A pobreza e o regramento da vida faziam do monge um homem voltado não para o mundo, mas para o seu interior: único lugar em que ele podia conversar com o Ser supremo. Como auxílio às funções litúrgicas da casa, a leitura destaca-se para preencher as horas do monge com atividades proveitosas no interior dos arquivos e bibliotecas. Uma iniciativa que levava os monges a conhecerem, segundo os abades e priores, a melhor forma de como conduzir a palavra de Deus aos seus merecedores.[40]

O *scriptorium* monástico alimentava os monges, fornecendo as palavras certas para o sucesso da Ordem no reino. Sem uma instrução que fosse própria do mosteiro, que elevasse a conduta dos religiosos, eles teriam uma participação limitada na conversão de almas. Santo Agostinho já alertara que o oratório poderia ajudar nos estudos de um bom cristão, por isso os monges procuravam as palavras corretas com a finalidade de aumentar a influência do mosteiro entre os homens do

---

40 Ver S. Bento, capítulo VIII.

reino. Ao fim e ao cabo, para um monge erudito ler ele não necessariamente tinha que ocupar o cargo de *armarius* (de leitor) da comunidade monástica, pois, para difundir a fé, primeiro deveria conhecer a Sagrada Escritura, as posturas corretas para ser um beato e a história do mosteiro. Para tanto, nas bibliotecas dos mosteiros portugueses não faltavam livros considerados de grande importância, como a Bíblia, as Regras de Pacômio, de Ambrósio e de Agostinho, além de textos como a *História eclesiástica,* de Eusébio de Cesareia, na tradução de Rufino, e o *Etimologias,* de São Isidoro de Sevilha. Ao lado de Santa Cruz, Alcobaça possuía uma das maiores bibliotecas monásticas, com cerca de 500 códices manuscritos, acumulados entre os séculos XIII e XV (Saraiva, 1993, p.107-8). Os principais autores colecionados por Alcobaça foram Santo Agostinho, São Gregório Magno, Orígenes e São Ambrósio, teólogos fundamentais para a configuração do cristianismo no Ocidente (Brown, 1990, p.8). Nesse mosteiro, portanto, os monges tinham acesso às principais leituras que estruturaram o pensamento cristão. Em última instância, para que o *scriptor* tivesse êxito em sua tarefa era necessário uma biblioteca no próprio mosteiro, onde ele buscava amparo argumentativo para sua compilação. Assim, os monges copistas possuíam várias funções: além de compilarem documentos, no campo do conhecimento, esses mesmos monges zelavam pelo bom estado da biblioteca. E, para melhor entendermos as bibliotecas monásticas, deter-nos-emos a partir de agora na análise dos principais livros contidos em seus arquivos.

Como Pombeiro, Seiça e Bouro eram também mosteiros de observância beneditina. Ao longo da Idade Média, essas casas monásticas criaram inventários de todos os seus bens encontrados na igreja, na câmara do abade, na adega e em outros locais que possuíam alguma função litúrgica. Santa Cruz, inclusive, em três anos diferentes – 1207, 1218, 1226 –, fez inventários parciais de sua biblioteca. A partir desses inventários, em Seiça e Bouro descobriu-se que os livros foram colecionados em vários lugares, principalmente na livraria e na igreja. Segundo esses inventários, os livros estavam por toda a igreja, no altar-mor, na sacristia e nos armários (Marques, M. A., 1998, p.275). A grande concentração de livros na igreja era devida, sobretudo, à diversidade de obras destinadas ao culto. Nessas obras, o sacristão podia consultar horários de missas e de orações, bem como as leituras para cada dia, portanto, nos mosteiros beneditinos portugueses, havia um livro para cada função litúrgica: o Missal para a Eucaristia, o Ritual para os sacramentos, o Breviário e o Saltério para o ofício divino. E os documentos litúrgicos eram de dois tipos: livros usados no culto, como os mencionados acima, e obras de pensadores cristãos (Lencart, 1997, p.47).

Em Santa Cruz, organizava-se a circulação de livros no interior do próprio mosteiro. Como consta no texto da Regra, os encarregados dos livros deveriam servir os irmãos sem murmúrios e estes, por sua vez, quando fossem pedir o livro, eram instruídos a pegá-los todos os dias em horas certas e aquele que os pedisse "fora de hora" tinha o pedido negado (Agostinho, 2003, p.14). Quer isso dizer que a vida contemplativa dos mosteiros portugueses era regulamentada em todas as suas esferas, impunha que a leitura e a escrita, assim como os horários de banho e alimentação, respeitassem as exigências da Regra. Para tanto, umas das principais discussões no interior das Ordens beneditinas girava em torno da quantidade de horas convenientes aos trabalhos coletivos e às orações, rezas e leituras, a ponto de os monges, a partir do século XII, tornarem-se cada vez menos conhecedores das plantações e cultivos das hortas monásticas e mais dados ao enobrecimento da alma, por meio da dedicação à elaboração e armazenamento dos livros. Desse modo, os religiosos assumiram um compromisso em se instruírem retamente, preocupados, portanto, em passar o maior tempo possível zelando pelos livros da casa.

A biblioteca de Santa Cruz podia adquirir novos livros a partir de três modos: compra, cópia e doação, mas havia também um outro recurso, muito usado por Santa Cruz, que era enviar monges frequentemente a São Rufo, seu mosteiro fundador, para acessar seu acervo. A atividade do *scriptorium* dos crúzios relativa à metade do século XII também resultou na produção do *Livro Santo*, obra que reuniu inventários do cartório monástico, contendo cartas de venda e de troca de bens, além da primeira versão, em latim, da *Vida de S. Teotônio* (Cruz, 1968). Também se procurou compilar livros que contribuíssem para que o monge exercitasse a sua fé, entre as quais obras se destaca o *De* doctrina Christiana, de Santo Agostinho, livro que serviu de base aos principais mosteiros medievais europeus para pensarem modelos de vida virtuosa. Entre as principais obras produzidas no século XIV, no *scriptorium* de Santa Cruz, podem-se mencionar: a *Vita et miracula*, de São Rosendo, a versão em língua vernácula da vida beata de São Teotônio[41] e de D. Telo, bem como as já referidas *Crónicas breves*. Em Portugal, como a Corte funcionava de modo esporádico (Serrão, 1972, p.240), o *scriptorium* de Santa Cruz tomou a iniciativa de guardar em seus arquivos vários manuscritos, livros sobre direito civil e eclesiástico, regras monásticas e obras consagradas às artes liberais, incluindo, também, textos clássicos de medicina, aritmética e distintos volumes de doutrina sagrada (Lencart, 1997, p.130-1). Diante disso, pode-se dizer que em Santa Cruz, Alcobaça ou em Saint-Denis, na França, o manuscrito assessorava o dia a dia do abade, prior e monges em geral. As obras, depois de prontas, isto é, depois de compiladas, eram postas em armários ou em cofres (Chartier; Martin, 1989, p.81), de forma que, nos mosteiros, o saber era entesourado como um patrimônio (Chartier, s.d., p.99).

Depois de Santa Cruz, desse modo, Alcobaça foi o maior mosteiro português, fundado em 1247, logo após a construção de Tarouca. Contudo, enquanto Santa Cruz moldava a figura épica de Afonso Henriques, Alcobaça desenvolvia uma escrita mais recheada de aspectos do cotidiano (Serrão, 1994, p.285-301). No século XIV, Alcobaça destacava-se com o registro da história de peregrinações, romarias e milagres. Essas obras são ilustrativas de uma história santificada, que delimitou ainda mais o papel do mosteiro como especialista em escritos hagiográficos. Escritos sobre o reino somente foram ter espaço, nesse mosteiro, no fim do século XVI, quando seus monges ocuparam o cargo de cronista-mor. Entre os séculos XIV e XV esse mosteiro cisterciense destacou-se, sobretudo, por compilar manuais de confissão e obras de exortação moral, destacando três obras: o *Manual de confissão de Martin Perez*, o *Virgeu de consolaçon* e o *Orto do esposo*.

---

41 Essa hagiografia foi escrita no século XII e, no século XIV, o Mosteiro de Santa Cruz a compilou em língua vernacular.

Esse manual de confissão do clérigo castelhano Martin Perez foi utilizado pelos próprios alcobacenses e, posteriormente, pela Corte avisina, com o objetivo de se ter em mãos uma descrição detalhada de cada pecado e as consequências dos desvirtuamentos morais na vida do pecador. Esse confessor descreve seu manual como um instrumento que os clérigos possuíam para conseguir entender a "doutrina da vida", ou seja, os fundamentos de uma existência condizente com os preceitos cristãos (Perez, 2005, p.22-3). Já no fim do século XIV e início do XV, época que nos interessa especialmente, Alcobaça completou seu acervo, refundindo, principalmente de obras francesas, o *Virgeu de consolaçon*, no qual os monges procuraram sob a "autoridade das palavras de santos" comentar os pecados da soberba, inveja, sanha, avareza, preguiça, gula e da luxúria, mostrando, assim como o *Manual de confissão de Perez*, as desvantagens de se levar uma vida sem qualquer comprometimento com a sua autossalvação (*Virgeu de consolaçon*, 1958). O referido *Virgeu* apoia cada parágrafo em uma autoridade do pensamento cristão, ou seja, essa obra menciona repetidas vezes nomes como Santo Agostinho, Isidoro de Sevilha, São Bernardo, São Gregório e outros pensadores no sentido de rechear suas reflexões de autoridades que pudessem amparar uma visão de mundo e de sociedade.[42] Por exemplo, ao comentar o pecado da inveja, o compilador cita São Gregório, para quem é "tormento e pena aos invejosos" ver "o bem dos outros" (*Virgeu de consolaçon*, 1958, p.10). Não menos importante do que essas obras, o *Orto do esposo* foi uma das últimas que os alcobacenses refundiram na passagem do século XIV ao XV. A atenção dessa obra é voltada especialmente para a salvação da alma e para a natureza divina das coisas. Segundo seu compilador (Mongelli, 2001, p.107-55), "cabe à verdadeira sabedoria cumprir os conselhos de Jesus Cristo" (*Orto do esposo*, 1956, p.52), pois somente ele garantiria o verdadeiro perdão das faltas e dos pecados. No encalço de uma verdadeira forma de vida, os monges de Alcobaça souberam recorrer aos manuscritos refundidos em seu *scriptorium* sempre na esperança de usá-los como

---

42 Cf. Foucault, 1992, p.40-58.

guias morais de seus monges e também como manuais de instrução no contato imediato do clérigo com o cristão.

Já em Lorvão, mosteiro também de observância beneditina, conservaram-se os seguintes manuscritos: *Antifonário, Martirológio, Exposição de S. Agostinho sobre os salmos, Livros das aves* e o *Comentário do Apocalipse*, obras que foram trasladadas, posteriormente, para o Arquivo da Torre do Tombo.[43] Entre esses manuscritos destacam-se os salmos comentados por Agostinho, que colaboraram para a fundamentação do ofício divino, bem como para a sustentação da oração privada do monge em seu claustro (Nelson, 2002, p.94-9). Nos séculos XIII e XIV esse mosteiro tornou-se um senhorio com significativo volume de terras, e o grande acervo de livros de sua biblioteca deveu-se, em parte, à riqueza material que Lorvão acumulou com suas plantações. Desde o século XII Santa Cruz, Alcobaça e Lorvão construíram, a partir dos textos compilados em seus *scriptoria*, a base da cultura livresca do território português. Comparando a produção dos mosteiros apresentados acima, no entanto, o que mais interessa aqui são as obras que tratam da história do reino, como as crônicas e as hagiografias. Vejamos, pois, as peculiaridades dessas obras para abrirmos espaço para refletir sobre o lugar da memória no seio dessa comunidade.

É importante recordar que, nessas crônicas monásticas, a história da formação do reino se torna o eixo condutor da narrativa e, por sua vez, as hagiografias do Mosteiro de Santa Cruz se estruturam em torno do processo de beatificação de santos que foram indispensáveis para a proteção espiritual de Afonso Henriques. Para tanto, as *Crónicas breves*, assim como a *Vida de S. Teotônio*, não pouparam palavras para evidenciar o lugar de Santa Cruz no processo de Reconquista, além de complementar a história de Portugal com a descrição de outros mosteiros. Todavia, o trato dado à narrativa por essas crônicas monásticas é diferente daquele dado às hagiografias, pois passa-se de um relato centrado na história de um único homem para a história de um reino, mesmo que a partir de uma figura central. Assim, em detrimento da ênfase sobre uma personagem única, a narrativa cronística prioriza o

---

43 Cf. Ministério da Cultura, 2001, p.239-41.

cruzamento da vida de várias pessoas, incluindo priores e soberanos. As diferenças entre hagiografias e crônicas, contudo, ficam imperceptíveis quando se atenta para um objetivo comum em ambos os conjuntos: o objetivo de instruir os irmãos da ordem a partir de exemplos virtuosos do passado. É importante também destacar que as hagiografias de Santa Cruz, diferentemente de outras provenientes de outros territórios cristãos, não centralizavam a sua reflexão na vida de um santo em especial, pois não seguiam um modelo descritivo em que o monge copista apresentasse uma quantidade de milagres que justificasse a santidade.[44] Na verdade, a beatificação do santo se justificava muito mais pela sua importância na solidificação das fronteiras do reino com a incursão rumo à defesa de uma religião comum aos portugueses do que pelos vários detalhes particulares da vida de santo sem relação alguma com a história de Portugal.[45]

Pode-se dizer que eram semelhantes a imagem do primeiro monarca português como protetor do reino, segundo consta nas *Crónicas breves*, e a imagem santificada de priores que cuidavam de seus mosteiros, como é relatada nas hagiografias. A hagiografia e o fazer cronístico monástico revelam um esforço para mostrar seus mártires, sejam santos ou não, como figuras exemplares, ou melhor, a descrição de São Teotônio, de D. Telo e de Afonso Henriques segue um modelo de homem santo (Vauchez, 1989).[46] Dadas as referências, pode-se dizer, em linhas gerais, que Santa Cruz, nos séculos XIV e XV, fez de Portugal um reino beatificado, cujos governantes eram amigos do clero e pioneiros da Cristandade em solo português. Para tanto, na *Vida de S. Teotônio*, os crúzios procuraram salientar os laços pessoais entre esse religioso e o monarca Afonso Henriques. A história dos mosteiros confunde-se, portanto, com a história do reino, ocupando São Teotônio e Afonso Henriques um espaço destacado no discurso da época, ambos como líderes religiosos.[47]

---

44 Cf. Lucas, 1984.
45 Cf. Roedel, 1999.
46 Sobre o uso da vida de Santo Agostinho como exemplo para os monges agostinianos ver: Bolton, 1983, p.60.
47 Cf. Soria, 1986.

Os quatro fragmentos das *Crónicas breves* reforçam certas conquistas de Afonso Henriques.[48] Por exemplo, a vitória graças à intervenção divina contra o rei Ismar e outros cinco reis mouros nos campos de Ourique. Essa vitória é mencionada na primeira e na terceira partes das crônicas.

> 1ª parte: [...] além de Crasto Verde no campo de Ourique lidou D. Afonso Henriques com cinco reis mouros, entre eles o mais poderoso tinha o nome de Ismar e Afonso Henriques provou a Deus que os venceu. (*Crónicas breves*, 1969, p.25)

> 3ª parte: Este bem aventurado Rei tomou o castelo de Leiria aos mouros, e depois o rei Ismar tomou o dito castelo de Leiria, e foi preso Paio Gueterres, cônego de S. Cruz. E depois tomou o dito castelo o rei Dom Afonso, e jaz este bem aventurado rei no mosteiro de S. Cruz de Coimbra, o qual mosteiro ele mandou fazer. (ibidem, p.29)

Essa repetição da vitória nos campos de Ourique reforça a ideia de que a história servia como exemplo. Os monges copistas retomaram a conquista nos campos de Ourique para evidenciar o fato de que Deus sempre esteve ao lado dos portugueses e dos crúzios. Na *Vida de S. Teotônio*, hagiografia contemporânea à compilação das *Crónicas breves*, encontra-se outro exemplo de como se utilizavam as obras do *scriptorium* para ensinar os irmãos da ordem a vida correta a ser seguida. Segundo o monge anônimo de Santa Cruz, como havia passado o tempo da infância e mocidade, São Teotônio chegou ao meio da letra pitagórica, o Y,[49] letra que simboliza a chegada do homem a uma etapa da vida na qual se depara com opções a seguir, o caminho do pecado

---

48 Os quatro fragmentos das *Crónicas breves* foram publicados por Alexandre Herculano na coleção P. M. H. *Scriptores*, que continha, também, outras produções monásticas de Santa Cruz e de Alcobaça. Quanto ao modo como as *Crónicas breves* são justapostas e ordenadas, nota-se que a escrita de cada um dos textos que a compõem pertence a momentos diferentes do século XIV. Desde o século XIX tem-se proposto que esses quatro fragmentos saíram do *scriptorium* de Santa Cruz, mas sem se conhecer os possíveis monges que os teriam compilado. Ver: Lapa, 1952, p.268-9.
49 *Vida de S. Teotônio* apud Pimenta, 1948, p.88.

e o caminho da virtude. O santo abandona o ramo esquerdo da letra e começa a seguir o ramo direito – o da Virtude. Essa opção de São Teotônio pelo caminho virtuoso da vida, negando uma trajetória pecaminosa, serve aos outros monges e leigos que leram sua vida como um exemplo de como viver os ensinamentos divinos, principalmente as lições deixadas pelos apóstolos.

Obras históricas e hagiográficas como essas referidas tiveram um papel fundamental na formação da conduta dos crúzios, justamente porque os textos compilados por eles apresentavam várias experiências de vidas santas e caminhos que se podiam seguir sem cair em pecado (Serrão, s.d., p.390). Funcionavam, pois, como uma espécie de manual de ajuda ao monge para que soubesse das suas funções sociais, deveres, obrigações e principalmente modos e formas de como agir e ser em sua comunidade e na sociedade contígua. Em um manuscrito compilado ou em Santa Cruz ou em Tarouca, o monge copista sintetiza esse papel dos textos de relembrar e fixar os fatos memoráveis da seguinte forma: "Como se inventou o recurso da escrita para que os fatos memoráveis não findassem na memória dos homens, nós, os frades de São João de Tarouca, recordamos todas as coisas que nos antecederam no nosso começo" (Exórdio do mosteiro de S. João de Tarouca, in Marques, M. A., 1998, p.68-70).[50] Segundo esse texto monástico, a escrita foi inventada como um recurso indispensável para imortalizar os fatos considerados memoráveis que antecediam o presente dos monges. Nesse sentido, o lugar da escrita no interior do *scriptorium* era relacionar o passado com o presente. E o principal critério para selecionar o evento para a escrita era, sobretudo, a dimensão religiosa que o revestia. A escrita fazia parte da liturgia, garantindo a sobrevivência da manifestação de fé desses homens portugueses. Além disso, como afirmou Santo Agostinho, a única habitação do conhecimento era a memória (Agostinho, 2000, p.229), assim, para os monges terem sempre o conhecimento das coisas passadas à disposição, era de interesse do *scriptorium* imortalizá-la por meio da confecção de crônicas.

---

50 Esse texto é difícil de ser datado, contudo, pelos seus traços e escrita, pode-se dizer que dificilmente ele não pertenceria aos últimos séculos da Idade Média.

As *Crónicas breves*, por sua vez, procuravam santificar a sua escrita de forma diferente, ou seja, fazendo da história de Portugal um desdobramento da criação do mundo por Deus. A título ilustrativo, pode-se mencionar o seguinte trecho dessas crônicas:

> Desde o começo que Deus criou o mundo até a encarnação do filho de Deus foram cinco mil e cento e noventa e oito anos. E depois que foi o dilúvio de Noé até a encarnação foram três mil e cento e quatro anos, cinco meses e seis dias. E quando andava a era de Cesar em XXXVIII nasceu o Senhor Jesus Cristo [...]. (*Crónicas breves*, 1969, p.24)

Assim, a *I Crónica breve* procura expor uma verdade histórica que ganha credibilidade justamente por derivar de uma história maior, ou seja, da própria Criação.[51] Autores como Eusébio de Cesareia, Beda, Orósio, Isidoro de Sevilha e Paulo Diácono iniciaram um modo de pensar a história a partir de um fundo cristão. As crônicas universais escritas por eles perpassaram todos os principais *scriptorium* da Idade Média, em que a distinção clássica entre o discurso verdadeiro – o *argumentum* – e o discurso falso – *fabula* – se manteve como uma constante. Para Santo Agostinho, o discurso falso era o mitológico, aquele por Homero, que fingia coisas "para que, atribuindo aos homens viciosos a natureza divina, os vícios não fossem considerados como tais e todo aquele que os cometesse não parecesse imitar homens dissolutos, mas habitantes do céu" (Agostinho, 2000, p.40). Santo Agostinho, em ataque aos mitos, propunha, ao contrário, que a história válida era a que marginalizava os vícios humanos e que contemplava a verdadeira face de Deus. Para tanto, as leis eternas da salvação eram mais importantes do que qualquer ciência (ibidem, p.42).

Quanto ao lugar da memória, Santo Agostinho apoiava-se numa tríplice equivalência do tempo: o presente do passado, o presente do presente e o presente do futuro. O presente do passado seria a memória, pois é pelo próprio presente que o passado tem relevância, partindo da recordação das coisas vividas e vistas ou de outras também gravadas no

---

51 Sobre a perspectiva universalista das crônicas medievais, ver: Momigliano, 2004.

fundo da alma por Deus (Ricouer, 1994, p.27-8). Em outras palavras, Santo Agostinho (2000, p.224-5) pôs a memória em discussão para justificar a influência de Deus na aprendizagem humana, dizendo que é papel do poder divino fixar na alma o que deveria realmente ser lembrado. Entretanto, Marco Túlio Cícero teve um papel decisivo na sua delimitação do lugar da memória, uma vez que ele foi o primeiro latino a fazer da memória uma parte da virtude da *prudentia*, ao lado da *intelligentia* e da *providentia*.[52] Santo Agostinho (2000, p.60) relata, na obra *Confissões*, que foi um livro de Cícero, chamado *Hortênseio*, o responsável por encaminhar os seus estudos na direção do grande Ser. Admite, portanto, que Cícero influenciou suas reflexões – e consequentemente dos medievos, já que sua obra foi peça-chave na Idade Média – acerca da memória, colaborando também para uma moralização da retórica oral e escrita. Santo Agostinho retomou esse filósofo pagão para afirmar que as recordações da memória no "presente do passado" também amparam o futuro, visto que o que haveria por vir na vida dos homens não fugiria muito daquilo que as recordações diziam (Ricouer, 1994, p.28). Para Santo Agostinho, portanto, aquilo que a memória tinha para ensinar era passado para os homens no interior da alma, em que haveria um contato íntimo do homem com Deus. Pode-se, inclusive, dizer que Santo Agostinho enquadrou a memória em um projeto educativo que visava elucidar para os homens a importância de Deus. Tamanha foi a influência desse filósofo que os medievos apenas acrescentaram ao seu trabalho novas técnicas relacionadas com a memória, entre elas, a escrita cronística monástica.

Os monges copistas fizeram do manuscrito um caminho que auxiliava esse contato do homem com Deus, das palavras do Criador com a alma do cristão. Dessa forma, o texto ajudava o monge a ser mais introspectivo e a reconhecer na memória as pegadas de Deus na história. Os monges agostinianos buscaram, pois, materializar os ensinamentos de Deus e livrar do esquecimento, por exemplo, as datas de acontecimentos litúrgicos. A memória era o oposto do esquecimento. O medo de que dados e informações relevantes se perdessem para

---

52 Cf. Ricouer, 2007, p.77-80.

sempre levaram os monges a se preocuparem com métodos precisos de rememoração.⁵³ Monges irlandeses, por exemplo, escreviam os principais eventos em tábuas pascais, de modo que a escrita, desde muito cedo, fez parte do universo monástico, mas dando um salto nos séculos XII e XIII, quando se procurou alargar os *scriptoria* de vários mosteiros europeus e se valorizaram obras não só de cunho litúrgico, mas também outras que pudessem auxiliar de diferentes formas a instrução pessoal do monge.⁵⁴

Os mosteiros portugueses foram, pois, como será retomado mais à frente, representantes por excelência, entre os séculos XII e XIV, das ideias agostinianas. Os textos de Santo Agostinho trouxeram legitimidade para que escritos monásticos pudessem convencer quem os lesse do verdadeiro papel de Deus na história. Quando Urbano II instaurou a Ordem de Santo Agostinho, no fim do século XI, ficou definido que, para regulamentar a vida dos monges, seria usado o texto da regra e a própria vida do santo como referência; por isso, as obras de Santo Agostinho ganharam mais legitimidade, nos séculos XIII e XIV, do que os escritos da época. Enfim, Santo Agostinho era considerado como uma autoridade e suas palavras só tinham menor peso do que as da Bíblia. Na escrita anterior à imprensa, mestres do pensamento grego e latino, como Cícero, eram *autoritates*, tais como os padres da igreja. A autoridade se entendia por um nome ou uma obra de valor incontestável, que mediava as palavras de Deus com o humano ou que pudesse pelo menos ajudar de alguma forma na oratória e na conversão de novos fiéis (Ricouer, 2007, p.78). E memorização cumpria papel decisivo no processo de conversão, pois estava relacionada com métodos de aprendizagem, ou seja, estava inserida em um plano educativo. Em última instância, esses arquivos se espalharam pela Europa e, como em Saint-Denis, Santa Cruz também montou um arquivo que perpetuava ensinamentos históricos, aprendidos dentro de um limite temporal, isto é, a partir do momento em que o reino e o mosteiro foram criados.

---

53 Cf. Geary, Memória. In: Le Goff; Schmitt, 2002, vol. 2, p.167-81.
54 Cf. Serrão, 1972, p.15-6.

Santa Cruz era um centro cultural no qual se escrevia e se armazenavam livros de valores inestimáveis para a formação religiosa. Os livros eram vistos como materiais dignos de fé, tendo em conta que os monges perceberam que a composição de livros representava um dos meios mais eficazes para imortalizar um ensinamento divino. Em Santa Cruz e em outros mosteiros medievais portugueses, os livros ocupavam lugares privilegiados. Nesses locais, a palavra era usada para rememorar e também para educar os fiéis. Assim, do interior dos *scriptoria* emergiu uma cultura escrita cuja tarefa era a de beatificar o mosteiro e, logo em seguida, o reino. Desse modo, havia monges contadores de histórias, mas não qualquer história, somente aquela que fosse capaz de mostrar e manter a presença de Deus entre os homens. Como a escrita fazia parte das funções litúrgicas, as obras cronísticas foram usadas na educação dos monges, principalmente para edificar a alma, pois, como disse Santo Agostinho, é pela memória que o homem conhece a Deus e sabe como reconhecer o mundo.

Vale reafirmar, por fim, que Santa Cruz se inseria em uma rede de instituições eclesiásticas que tinha como principal tarefa cristianizar o território. Santa Cruz, no entanto, além de levar a palavra de Deus ao reino, fez de seu arquivo um lugar privilegiado para se usar a escrita de crônicas como uma outra forma de acesso ao ensinamento divino. Até o início do século XV, o fazer cronístico dizia respeito a um encargo clerical, mas novas circunstâncias culturais no século XV levaram a um remodelamento do lugar onde se historiava o passado do reino. Se, entre os séculos XII e XIV, o fazer cronístico era uma ramificação das funções litúrgicas, quais as suas novas configurações e contextos de produção no século XV? A principal pergunta que nos conduzirá a partir daqui é, portanto, como foi a passagem da escrita da memória do *scriptorium* de Santa Cruz para a Torre do Tombo, lugar, por excelência, de um fazer história de Corte que caracteriza a história posterior.

2
A CORTE DE AVIS, OS CRONISTAS E A ESCRITA DA HISTÓRIA EM PORTUGAL

Com o advento da casa avisina, no século XV, os cortesãos compreenderam que Portugal vivenciaria a própria Idade do Espírito Santo,[1] isto é, uma nova idade de prosperidade capaz de encerrar um longo período de conflitos sociais e políticos, decorrentes da crise dinástica iniciada entre os anos de 1383-1385, e que levou ao trono o filho bastardo de D. Pedro I, D. João, Mestre de Avis. Após a morte precoce de D. Fernando e da passagem tumultuada de sua esposa, D. Leonor, pelo trono, D. João é aclamado rei, depois de um longo período de conflitos, e surge, então, como uma espécie de prometido, um messias. O cronista Fernão Lopes é categórico em afirmar que D. João I e a Corte de Avis inauguraram em Portugal a Sétima Idade,[2]

> [...] na qual se levantou outro mundo novo, e nova geração de gentes, porque filhos de homens de tão baixa condição que não cumpre de dizer, pelo seu bom serviço e trabalho, neste tempo foram feitos cavaleiros, conhecendo agora novas linhagens e nomes. (Lopes, 1977, p.308)

---

1 Sobre o milenarismo em Portugal, ver: Ventura, 2003, p.166.
2 Para L. S. Rebelo (in Gil; Macedo, 1998), a função do discurso cronístico de Fernão Lopes é justificar uma dinastia em um plano jurídico e profético, demonstrando uma verdade que exerce uma função legitimadora no interior da narrativa.

O Mestre é pintado nos escritos cronísticos da época, por meio de citações de temas bíblicos e analogias, como alguém que cumpriria uma missão semelhante à de Moisés, realizadas com a intenção de fazer a figura do Mestre de Avis se assemelhar à de Moisés, que conduzira uma multidão à salvação. O sentido de história encontrado nessa escrita baseava-se no envolvimento de Deus com o plano terrestre, e o cronista Fernão Lopes mostra uma evolução intra-histórica em direção à Idade do Espírito Santo, nos moldes de Joaquim de Fiore: esse período seria a subida ao poder de D. João I por intermédio do Divino (Ventura, 1992).

Outro exemplo dessa percepção de mudança é o modo como o cronista Gomes Eanes de Zurara se refere ao reino na época, pois, para ele, Portugal é "o maior e mais bem-aventurado reino que há no mundo; nós temos entre nós todas as boas coisas que um reino abastado deve ter" (Zurara, 1915, p.17). Segundo Zurara, o poder do Mestre descendia diretamente das mãos do poder divino, por essa razão todo o seu governo fora abençoado com belas plantações e navios em portos repletos de mercadorias. Muitas são, a propósito, as indicações, nessa época, acerca do modo como a vitória do Mestre de Avis simbolizava uma mudança social e demandava novas atitudes, impondo que se modificasse a forma de gerir a Corte. Para ordenar esse novo mundo esperado, os infantes e homens da Corte estimularam a produção de textos regulando posturas e hábitos que colaborassem para a grandeza desse tempo.

A prioridade da produção de saber na Corte de Avis foi ensinar a realeza e os nobres cavaleiros sobretudo a viver virtuosamente. Daí cabe agora perguntar: Qual a relevância das instituições régias, como a livraria e o arquivo histórico, nessa sociedade avisina comprometida com tais valores? Partindo dessa interrogação, duas outras, a seguir, conduzirão este trabalho: Qual o lugar da moral cavaleiresca na Corte de Avis? E, ainda, que papel a escrita de Corte, em especial a cronística, teve na ordenação da sociedade cavaleiresca dos tempos avisinos? À partida, nota-se que, de ponta a ponta, a vontade de cuidar do corpo e da alma tornou-se o pano de fundo da produção avisina, uma produção que aqui interessa por ser a expressão do deslocamento para as instituições de Corte daquilo que antes ficava sob a responsabilidade do *scriptorium* monástico de Santa Cruz. No estudo que se segue, procuraremos entender até que ponto os cronistas fizeram da escrita um caminho para se ensinar preceitos, doutrinas e principalmente as habilidades que o nobre cavaleiro deveria ter e aplicar no seio de sua sociedade.[3] Se, no capítulo anterior, a preocupação foi compreender os contornos e delineamentos do saber monástico, agora este trabalho volta-se para uma análise do fazer cronístico de Corte e as implicações históricas que levaram ao desenvolvimento do cargo de cronista-mor e guardar-mor da Torre do Tombo. Em outras palavras, no conjunto dessa produção, realizada no âmbito da Corte, encontra-se a história, que é objeto principal do trabalho e que será desdobrada em suas relações com a moral cavaleiresca, que fundamentou o fazer cronístico desde os tempos de Afonso X e continuou como traço fundamental da história nos escritos da Torre do Tombo. Pelo próprio modo de os cronistas se referirem à Corte, o seu papel não se restringia aos assuntos da administração, ela era, como se buscará examinar, a mantenedora de um estilo de vida que deveria ser, se não modelar, inspirador.

O arquivo histórico, as bibliotecas e a escrita de Corte

As crônicas régias, uma das principais formas de ordenamento do discurso principesco, estavam orientadas, segundo o cronista Rui de Pina, na *Crónica de D. João II*, para "o proveito do corpo e boa governança da vida e inteira salvação da alma" (Pina, 1977, p.889). No ambiente da Corte avisina, não só o potencial da história de mestra das boas doutrinas é destacado, como também a escrita da história é anunciada como um "Santo Ofício" (ibidem, p.890), por impedir que as virtudes do monarca D. João II não fossem apagadas ou esquecidas.

---

3 Segundo Frédérique Lachaud (2002, p.228-9), escritos diferentes, já a partir dos séculos XII e XIII, propunham-se mostrar regras e comportamentos considerados civilizados.

O cronista anuncia a necessidade de se observarem as excelentes bondades deste rei "na paz e na guerra, no público e no privado" (ibidem, p.890), mas vai além da descrição da vida do monarca, por apresentar também várias dimensões da vida de seu séquito. O cronista Rui de Pina prossegue explicando que o homem somente iria se favorecer da segura doutrina, garantida a ele pelo poder divino, se conseguisse aprender com as lembranças passadas, "em especial de nossos progenitores", que nos ajudariam "a sermos nobres, justos e verdadeiros" (ibidem, p.891). Além disso, aos olhos do cronista, de nada adiantaria o homem ser racional, se ele deixasse de aplicar em sua vida os ensinamentos enviados por Deus através da história.[4] O que o cronista procura, na verdade, é evidenciar que a contemplação do passado seria condição fundamental para se chegar a um estágio da vida em que se atingiria "por nossas obras, gloriosa fama" (ibidem, p.889) e uma devida redução de nossas faltas (ibidem, p.890), isso porque, segundo Pina, o passado fornecia "virtuosos exemplos" (ibidem, p.889) para o homem aprender a se beneficiar melhor da vontade divina, que queria fazer homens justos e bons. Esse comprometimento de Pina, no entanto, já havia sido assumido anteriormente por outros cronistas, que foram, como ele, oficiais régios, e merece ser aqui lembrado.

O cronista Rui de Pina foi o terceiro cronista-mor da Torre do Tombo. Antes dele, outros dois – Fernão Lopes e Gomes Eanes de Zurara – ocuparam esse mesmo cargo, fundado, em 1434, por D. Duarte. É importante ressaltar que esse cargo foi ocupado por um oficial por vez e logo que ele encerrava sua carreira outro o substituía. Sem dúvida, a estruturação de um governo monárquico sólido, já nos fins do século XIV, foi possível graças à nomeação de oficiais que desempenhavam tarefas específicas no seio da administração reinol. Tais oficiais foram em número crescente no século seguinte, e a criação do cargo de cronista-mor insere-se nesse contexto e é beneficiada com a estabilidade política do reino, que permitiu que o poder centralizado se

---

4 Segundo Étienne Gilson (2006, p.400-1), os medievos viam a razão como obra de Deus, na medida em que a vida é dirigida por Deus, a própria lei divina acaba excedendo a razão.

consolidasse cada vez mais ao longo do século XV. Dito de outra forma, não foi por acaso que o fazer cronístico ganhou fôlego, em Portugal, no século XV, afinal os reis de Avis utilizaram a escrita amplamente para servir de recurso ao seu governo, fazendo multiplicar o número de seus servidores que sabiam escrever (Bethencourt; Curto, 1991, p.403-25). Os cronistas foram, então, oficiais do reino que colocaram, assim como outros, suas plumas a serviço da monarquia avisina. No entanto, mais do que legitimar esse poder monárquico, o cargo de cronista-mor garantia a sobrevivência de uma conduta adequada, ao se empenhar em eternizar virtudes e perfeições das principais personagens da história de Portugal. Ou seja, os objetivos iam além de uma validação do poder monárquico, pois se pretendia fixar, acima de tudo, na Corte, uma moralidade dos costumes, em especial das práticas que diziam respeito aos grandes homens do reino.[5] Nesse ambiente, o reconhecimento formal do cargo de cronista como instituição oficial ocorre primeiramente por carta da chancelaria de D. Duarte e, logo em seguida, é confirmado por um documento da chancelaria de Afonso V.

Nessa carta, de 1434, destaca-se a obrigação delegada a Fernão Lopes "de pôr em crônica as histórias dos Reis que antigamente em Portugal foram", em especial "os grandes feitos e altos do muito virtuoso" (Lopes, 1977, p.LVII) D. João I. Desse modo, mais do que relatar os fatos históricos, ficava assim determinado que ao cronista cabia procurar evidenciar em sua escrita também as qualidades desse monarca e, principalmente, o processo histórico que culminou na fundação da casa de Avis. Para poder dar fim a essa tarefa, essa mesma carta anuncia que, "pelo fato de que nessa obra ele trabalhou e ainda tem que trabalhar muito... E querendo lhe fazer graça e mercê, temos por bem que ele receba de nós uma tença a cada ano, em todos os dias de sua vida [...]" (ibidem, p.LVII). Como se vê, Fernão Lopes deveria somente ocupar-se de suas obrigações como cronista e, para isso, ele ganharia uma tença anual. Desse modo, financiando o labor cronístico, D. Duarte e Afonso V acabaram fazendo dele uma atividade de Corte, desempenhada por um homem do séquito de Avis.

---

5 Cf. Buesco, 1996, p.16-23.

Antes mesmo de ser cronista, Lopes já era guarda-mor da Torre do Tombo – no castelo da cidade de Lisboa – acumulando, depois de 1434, uma dupla tarefa: guardar o arquivo régio e pôr em ordem a história de Portugal.[6] Esse acúmulo de ofícios, entretanto, somente facilitava a escrita da história, pois ao lado dos cronistas estavam os principais documentos que eles precisavam utilizar. Ao coletarem dados e outros documentos para complementar o acervo da Torre do Tombo, esses cronistas acabavam contribuindo para a montagem de suas crônicas, por já terem em mãos várias fontes que acreditavam ser indispensáveis à elaboração de suas obras. Em termos mais específicos, percebe-se, de imediato, que, na época, a atividade da escrita da história se define justamente por ser exercida conjuntamente com o ofício de guarda do arquivo. Os próprios cronistas comentavam o peso desse arquivo na época, como se a referência a que os dados tinham sido retirados das gavetas da Torre do Tombo fosse uma das garantias de autenticidade da história narrada (Pina, 1977, p.200). Desse modo, o arquivo assemelhava-se a um armazém, onde eram guardadas várias informações e, principalmente, onde eram estocados exemplos históricos. Na *Crónica de D. Afonso III*, aponta o cronista Rui de Pina que a Torre do Tombo ocupava um espaço fundamental na Corte, pois era o lugar em que os reis confiavam a segurança de documentos que podiam dizer respeito, inclusive, à legalidade do governo da casa dinástica (ibidem, p.174). Acrescenta o mesmo cronista que as cartas papais que vieram a este reino "estão em guarda na Torre do Tombo," arquivo visto como ideal para se preservar documentos da grandeza desses textos, os quais enalteciam o reino, seus reis e príncipes (ibidem, p.174).

O cronista era, pois, além do guardião da história do reino, o zelador dos documentos que a preservavam, por isso justificava-se que em ambas as atividades o cronista procurasse ampliar o conjunto da documentação já reunida no arquivo. Na *Crónica da tomada de Ceuta*, de Zurara (1915, p.13), consta que D. Duarte havia mandado Lopes buscar "muitas escrituras" que pertenciam ao reino de Castela, para que fosse escrita uma história verdadeira de seu pai (Zurara, 1915,

---

6 Sobre esse acúmulo de tarefas do cronista, ver: Serrão, 1989.

p.12-3). Nesse caso, a busca por novos documentos seria uma procura por maiores dados e informações capazes de comprovar ainda mais a grandeza de D. João I. Por isso, os primeiros passos de Lopes como cronista foram dados longe da Torre do Tombo, em vários lugares em que se poderia ter um documento sobre a vida desse rei. Outro exemplo desse duplo papel do cronista é referido nas *Décadas* de João de Barros do século XVI, quando esse homem de saber diz que Zurara recompilou em certos volumes "muitas escrituras que andavam soltas [...] isto pela razão de ser guarda-mor do mesmo tombo" [...] (Zurara, 1915, p.XXVI) e acrescenta que ele foi orientado também a organizar as escrituras da Torre do Tombo.

A partir dessas considerações, pode-se inferir que os cronistas e guardas-mores Fernão Lopes e Gomes Eanes de Zurara prestavam um serviço a essa sociedade, pois conservavam no arquivo do Tombo volumosos escritos, como o *Livro de linhagem de D. Pedro*, escrito por um leigo e direcionado a outros de sua mesma sociedade; livro que serve de exemplo para mostrar o tipo de obra que se mantinha no arquivo e o porquê de se tê-la. Nesse nobiliário do século XIV, obra pioneira entre os escritos de Corte, o conde D. Pedro procurou mapear as linhagens de nobres portugueses para manter registrada a origem das principais famílias do reino e as virtudes de toda uma geração de homens nobres. No entanto, a principal intenção em se ter esse quadro genealógico, segundo o próprio conde, era mostrar aos homens que a verdadeira amizade não pode ser tão pura como aquela "daqueles que descendem de um mesmo sangue", pois a amizade faria os homens viverem "seguramente em serviço de Deus" (Herculano, 1969, p.230-1). Assim, era comum fazer um histórico das famílias e antes mesmo desse nobiliárquico já havia, em solo português, outros dois textos, o *Livro velho* e o *Livro do deão*, que procuraram esboçar, do mesmo modo, uma lista de nomes de nobres e o possível parentesco entre eles.[7] Em uma palavra, desde o início da formação do reino português, houve um incentivo, entre os membros dos séquitos régios, à escrita desse tipo de obra, principalmente em razão dos benefícios que ela

---

7 Cf. Krus, 1994.

trazia em reafirmar constantemente a solidariedade entre os nobres e a posição deles no topo da sociedade da época.[8] Esse livro de linhagens compilado por D. Pedro não se perdeu graças à Torre do Tombo e aos guardas-mores desse arquivo, pois ali foi armazenado e protegido até a data de sua publicação. Pode-se dizer, portanto, que esse arquivo cumpriu um papel ordenador decisivo ao longo do século XV, dando espaço à compilação de obras históricas que diziam respeito aos nobres portugueses. E papel também significativo veio a ocupar a livraria régia, montada pelos monarcas avisinos com semelhante objetivo de organizar e preservar livros no ambiente da Corte; uma iniciativa que visava erguer um patrimônio voltado exclusivamente para a formação moral da sociedade avisina.

Quando comparamos o Arquivo histórico com a Livraria régia, vemos que esse comprometimento moral é uma marca indubitável e que também ela contribuiu para que o livro ganhasse uma importância até então não conhecida em Portugal. Essas instituições régias, a propósito, não reuniam indiscriminadamente qualquer tipo de documento ou de livro, mas somente obras e referências que eram selecionadas tendo em vista a sua contribuição para formar um sociedade de acordo com certos princípios, portanto, a livraria e o arquivo histórico estavam entre as principais medidas do governo avisino para consolidar um projeto de autoafirmação de sua Corte. Dito de outra forma, peso semelhante ao arquivo da Torre do Tombo tinha a livraria régia, pois tanto um como outro funcionavam como dispositivos de poder, por reunirem fontes úteis para aconselhar o governante em qualquer momento, bem como documentos para sustentar e justificar suas ações administrativas.

É de se destacar que esses livros reunidos no arquivo e na biblioteca real ajudaram a promover o saber escrito no reino, possibilitando aos nobres o acesso a um número maior de obras que poderiam assessorar na sua formação cavaleiresca e intelectual (França, 2006, p.61). Na verdade, aos olhos dos letrados do período, o verdadeiro saber era para ser guardado, mantido a salvo de todas as ameaças de vir a se

---

8 Cf. Sère, 2007, p.256.

perder com o tempo. Por isso, valorizavam-se tanto as livrarias e os arquivos, pois, assim, sempre se teria em mãos crônicas e outras obras de interesse para os leitores da Corte. D. Duarte, no *Leal conselheiro*, defende a necessidade de serem escritos livros direcionados à Corte e aos cavaleiros de seu séquito, alegando que os moços de boa linhagem devem, ainda jovens, começar "a ler, escrever e a falar em latim" (D. Duarte, 1998, p.239), porque "o latim é linguagem de bom encaminhamento para uma vida virtuosa" (ibidem, p.41).

Esse empenho, pode-se dizer, se justificava porque, segundo o referido monarca e seus contemporâneos, para ser um bom homem de Corte não bastava ser nobre e de boa linhagem, era preciso assumir uma nova postura: o homem da Corte deveria ser mais do que filho de alguém, como o rei mesmo mostra, esperavam dele que também tivesse afinidade com os livros. Era, pois, a partir de uma conciliação entre o saber e a descendência de um homem que os monarcas procuravam definir, nessa época, o modelo de um bom cortesão e de um bom cavaleiro. Para tanto, D. Duarte incentivou a formação de um conjunto de escritos em sua Corte, mencionando a necessidade de se trasladar obras e de se escrever outras, por isso, ele aconselhava pôr em escrito todo o saber que tornasse saudável o corpo e instruísse a alma em uma vida correta, sem abusos ou exageros.

Já no *Livro dos ofícios*, recompilado pelo infante D. Pedro, Cícero (1948, p.95) havia alertado que os livros deviam despertar "em alguns não somente o estudo de ler, mas ainda de escrever [...]". Orientando-se por esse preceito, a Corte de Avis preocupou-se em difundir a leitura, sem esquecer também da necessidade de se elaborarem boas obras. A partir do traslado de outros livros, principalmente de obras clássicas, e da escrita de novos, a livraria real, aos poucos, foi ocupando espaço e lugar. D. Duarte, preocupado em aumentar o acervo da livraria real com obras que alimentassem o intelecto, compilou e refundiu textos de autores clássicos, e fez isso com a intenção de delimitar um ritmo de vida adequado à época. A título ilustrativo, esse monarca menciona um trecho da *Política* de Aristóteles que dizia: "aquele que desfalece no entendimento e não sabe reger a si mesmo é naturalmente servo. Aquele que tem prudência e sabe reger a si mesmo e aos outros, naturalmente é senhor" (D. Duarte, 1998, p.206). Os reis de Avis procuraram compilar e refundir parte das obras desses autores clássicos em uma tentativa de rechear seus tratados com bons exemplos filosóficos (Buesco, 2007, p.151). No entanto, D. Duarte alerta que, quando se segue a natureza dos outros, "pode-se perder a tua" própria (D. Duarte, 1998, p.237), por isso, devia-se ter o cuidado com essas obras. O certo era lê-las, aproveitar os ensinamentos que elas tinham a oferecer à época, sem perder o engenho e força peculiares ao Quatrocentos, caso contrário, segundo D. Duarte, "falaríamos grego e ficaríamos desprotegidos" (ibidem, p.237). Assim, de acordo com a visão dessa época e principalmente desses letrados, o conhecimento grego era útil, desde que servisse unicamente para compilar em seus livros conselhos específicos sobre a formação humana.

A partir dessas indicações, é possível afirmar que o livro nessa Corte ganhou substantiva importância, tanto que os próprios tratados da época voltaram-se também para uma reflexão acerca do lugar desse objeto na sociedade de Corte. O pai de D. Duarte, D. João I, retoma uma tópica das obras medievais sobre a importância da escrita, ao explicar que, para os saberes não se perderem, os homens começaram a fazer "livros de gramática, retórica e outros livros que falam de muitas coisas" (D. João I, 1981, p.7). Complementando seu ponto de vista, em outra passagem do *Livro de montaria*, D. João I anuncia que "os livros foram feitos para aqueles que não sabem e querem aprender" e também foram feitos "porque o saber é grande e a memória não poderia retê-lo todo" (ibidem, p.57). Nessas palavras, nota-se, pois, a preocupação desse monarca em organizar o seu aprendizado em livros, já que a memória por si só não conseguiria preservar tudo aquilo que deveria ser aprendido. Na verdade, os príncipes dessa Corte notaram que uma das formas, se não a única, de se conhecer a Deus a fundo e as bem-aventuranças que ele tem a nos oferecer seria a partir do conhecimento livresco (ibidem, p.54). Com semelhante convicção, seu filho D. Duarte, no *Leal conselheiro*, diz que ler bons livros faz com que o homem aproveite seu tempo, enriqueça sua sabedoria e, quando estiver ocioso, ocupe sua cabeça com bons pensamentos (D. Duarte, 1998, p.10).

Entre os séculos XIV e XV, grosso modo, em vários reinos europeus, conforme o poder monárquico vai conseguindo estruturar suas bases e ter para si o controle fiscal e militar do espaço reinol, passa-se a adotar o livro não só como instrumento administrativo, mas também como portador daquilo que acreditavam ser as novas posturas. Ou seja, quando a governabilidade da monarquia amplia seu campo de atuação, o livro começa a ser usado em diferentes situações: para registrar as receitas, regular as contas do reino e também para gerenciar a vida na Corte (Elias, 1993, p.73). E foi em razão desse papel de gerenciar a vida que o aumento na demanda do livro tornou-se um dos indicativos do surgimento de uma sociedade de Corte preocupada em se fortalecer moralmente e que via nessa ferramenta uma saída para os problemas que diziam respeito à própria relação do nobre consigo próprio (ibidem, p.83).

Para os monges beneditinos, como vimos, a biblioteca era um santuário e os livros, tesouros que precisavam de proteção. Exemplo do quanto era significativo o livro no ambiente monástico era o fato de, na entrada das bibliotecas beneditinas, em Portugal, costumar estar fixada a seguinte frase: "O mosteiro sem biblioteca é como o rebanho sem redil, ou o claustro sem biblioteca é como o acampamento sem arsenal" (Lencart, 1997, p.129). Isso porque se acreditava que os livros, principalmente os direcionados à liturgia, de certa forma mantinham resguardadas as experiências de vida dos monges, ou seja, as bibliotecas monásticas reuniam especialmente ensinamentos para orientar um monge a ser um monge. De modo semelhante, a Corte, sem a livraria régia, pode-se dizer que também seria como um rebanho sem redil, pois, no ambiente sacro e no ambiente laico, considerava-se que os livros ofereciam aos homens as informações que eles necessitavam para viverem fosse como monges, fosse como cortesãos, ou seja, de acordo com as regras de seu grupo.

Na primeira dinastia do reino, a livraria real pertencia ao patrimônio de cada rei,[9] mas nem todos os monarcas a cultivavam. Dessas livrarias pessoais destaca-se a de D. Dinis, que deixou a seu filho,

---

9 Cf. Sampaio, s.d, p.66.

D. Afonso, em testamento, entre outros bens, todos os livros de sua capela. Nos séculos XIII e XIV, era comum em ambientes régios e monásticos, como vimos, que se guardassem livros nas capelas ou nas igrejas, principalmente missais e outros livros do culto cristão. No século XV, no entanto, a livraria real já era incluída no patrimônio da coroa e a responsabilidade de mantê-la cabia a todos os reis de Avis. Esses monarcas procuraram preenchê-la com obras de filosofia e teologia, por exemplo: *Da alma*, de Aristóteles, livros de Ptolomeu, de Sêneca, de Cícero, de Egídio Romano, de Petrarca, bem como escritos dos Padres da Igreja e, entre outros, tratados de árabes, como o de Albenazar e o de Ali Ben Ragel.[10] O filho de D. Duarte, por sua vez, teve sua memória acrescida por ter estudado oratória e ser amador da ciência, continuando, assim, o gosto da casa de Avis pelo cultivo dos livros e livrarias. Sobre D. Afonso V, diz Rui de Pina (1977, p.891), na crônica dedicada a esse monarca, que ele "foi de grande memória [...] Foi o primeiro rei destes reinos que ajuntou bons livros e fez livrarias em seus paços [...]". Esse monarca foi lembrado também por ter sido o primeiro rei que abriu a livraria régia para sua Corte e concedeu, em 1483, isenção de impostos aos livreiros Guilherme de Montrete, Francisco de Montrete e Guido para venderem seus livros em Lisboa. Dessa forma, aos olhos desse cronista, a importância dos livros na Corte e a relevância de se estudar a oratória e outras ciências, na época, representavam valores inestimáveis, próprios de um bom governante. Nessas condições, o monarca facilitou a circulação de livros e fez dessa cidade um lugar cheio de letrados, reunindo juristas, cronistas, físicos e moralistas (Crespo, 1990, p.67). Enfim, o que se percebe é que, na Corte de Avis, a biblioteca não é mais entendida como uma herança material deixada em testamento, e começa a ser vista como propriedade da coroa, podendo ajudar o governo da casa de Avis e do reino. É possível afirmar, portanto, que o aumento da produção livresca esteve relacionado com uma preocupação da Corte em colecionar diversas obras. Na verdade, essa preocupação de se reunir em arquivos e

---

10 Ver levantamento completo da livraria em: D. Duarte, 1982.

bibliotecas obras destinadas aos nobres foi também comum a outros reinos que, aos poucos, procuraram aprimorar a própria forma dos escritos destinados a esses homens.

Foram ajuntadas várias obras que tinham a finalidade clara de sempre reforçar a importância desse grupo aristocrático na Europa Ocidental, por isso foram tão correntes as histórias sobre a demanda do Santo Graal e sobre o séquito de Carlos Magno, que cumpriam a função de valorizar ainda mais a imagem do cavaleiro (Pastoureau, 2004, p.294-6). Esses primeiros escritos, chamados de gesta, procuram contar a grandeza de heróis passados, em poemas feitos com a intenção de serem recitados em festas e lugares onde os cavaleiros aproveitaram para se distrair. No entanto, aos poucos, conforme essa cultura cavaleiresca se firmava, essas canções foram perdendo credibilidade e sendo substituídas por textos em prosa, e foi a partir daí que a cultura de Corte conheceu seu ápice entre os séculos XIV e XV.

Pode-se, notar, desse modo, que formas de escrita mais elaboradas se desenvolveram a partir de outras mais simples (Elias, 2001, p.85). Um bom exemplo disso foi a opção pelos escritos em prosa. Tal escolha não ilustra só uma alteração do estilo de escrita, mas uma tentativa de buscar uma forma mais precisa de contar aquilo que se queria dizer no interior da Corte e sobre ela. Sem dúvida, no meio dessa passagem de uma Corte trovadoresca para uma Corte que se amparou em livros de filosofia e tratados de fundo moralizante, procurou-se, sobretudo, marginalizar a leitura de obras que não tivessem o compromisso de trazer um bom conhecimento e que servissem somente para o deleite. A prosa, ao contrário, significava a renúncia do verso, bem como de toda uma cultura voltada especificamente para o canto e para o divertimento. Para alguns estudiosos,[11] tudo isso ocorre simultaneamente a mudanças políticas e culturais profundas no Portugal dos séculos XIV e XV, mudanças que abriram espaço para uma nova fase do saber, ligada ao fortalecimento da biblioteca régia e do arquivo do Tombo, bem como ao enfraquecimento da tradição poética oral.

---

11 Sobre o enfraquecimento de uma escrita lírica, ver: Lapa, 1952; Saraiva, 1993, p.8-9.

D. Duarte (1998, p.10) escreveu que se devia "ler todos livros de alguma ciência ou ensinança", em detrimento de uma produção oral, as cantigas trovadorescas, e de "livros de histórias" (ibidem, p.10), que não continham ensinamentos profundos. Estes deviam ser e acabaram sendo abandonados pelos príncipes de Avis e por aqueles que os rodeavam. Nessa mesma linha, na *Crónica de D. Pedro de Meneses*, o cronista Zurara (1997, p.178-9) censura aqueles "muitos autores cobiçosos em ornamentar suas obras com histórias de festas, jogos em tempos alegres", escritos "em que não se seguia outra coisa senão a deleitação". Com essas palavras, de modo semelhante a D. Duarte, o cronista procura criticar certos livros feitos meramente para distração da Corte, pois o fundamento da escrita devia ser um bom fim, isto é, devia ter ela uma finalidade moral ou política – aspectos que em geral apareciam como indistintos para eles – e, igualmente, deveriam ter um compromisso com a verdade (Zurara, 1973, p.36). Dessa forma, os homens da Corte portuguesa do século XV aos poucos se desinteressaram pelos textos difundidos anteriormente, como as novelas de cavalaria, que passaram a ser consideradas de pouca serventia para alimentar o intelecto. Para além disso, o próprio ofício de trovador estava longe de ser considerado valioso nessa Corte, como fora na Corte de D. Dinis. Em outras palavras, a Corte de Avis mostrou em suas escolhas de leituras e em seus tratados e crônicas um empenho em ultrapassar uma produção livresca que se restringisse somente à diversão dos cavaleiros.

Outra mudança significativa foi a produção de livros voltados para uma reflexão acerca do nobre como cavaleiro e cortesão, enquanto tratados anteriores falavam, em especial, de cães, aves e outros animais; como, por exemplo, aqueles livros, escritos no século XIV, como o *Livro d'alveitaria*, de Mestre Giraldo, e o *Livro de falcoaria*, de Pero Menino, preocupados somente com a saúde do animal que pertencia ao nobre ou, segundo o prólogo deste último, preocupados "com todas as doenças dos falcões e os nomes delas" (Menino, 1931, p.1). Já no século XV, com a elaboração do *Livro de montaria*, de D. João I, e do *Livro de ensinança de bem cavalgar toda sela*, de D. Duarte, surge outra tradição interessada, sobretudo, em edificar o corpo e a alma do cavaleiro (Maués, 2001, p.204-5).

O nobre cavaleiro dos séculos XIV e XV, pois, dadas essas iniciativas e esses valores, tem seu acesso ao livro facilitado, e não só pelo citado incentivo à produção, mas também porque os copistas começaram a inserir índices, glosas, notas e iluminuras com a intenção de deixar as informações expostas na obra mais claras e acessíveis (Chartier, 1996, p.82). Para facilitar ainda mais a leitura, a difusão do papel *chiffon* tornou o manuscrito comerciável, de modo que o nobre que valorizasse o saber e tivesse condições materiais para tal poderia montar a sua própria biblioteca, comprando seus livros de algum livreiro ou em pequenas livrarias urbanas. Além disso, nesse momento, como os *scriptoria* monásticos tinham perdido seu destaque na produção de manuscritos, profissionais leigos assumiam essa tarefa, atendendo à demanda dos homens que procuravam atualizar suas coleções de obras. No século XV, portanto, a sociedade leiga começou a se responsabilizar pela produção e a venda do livro, além de passar a competir com os religiosos para possuir e fazer uso desse produto (Veger, 1999, p.113). Assim, ganha impulso a elaboração de um saber livresco para instruir um grupo restrito de leigos: os nobres cavaleiros. Daí que seja importante adentrarmos, a partir de agora, na configuração da moral cavaleiresca nesses escritos produzidos no seio da Corte avisina.

A moral cavaleiresca nos escritos de ordenança da Corte de Avis

Tanto a Igreja como o poder principesco procuraram atenuar os riscos que a cavalaria poderia trazer, por isso começaram a rever as regras morais próprias para esse grupo, objetivando levar os cavaleiros e escudeiros a buscarem uma vida cristã (Flori, 1998, p.201). Juan Manuel (1994, p.212), sobrinho de Afonso X, em uma obra chamada o *Libro del cauallero*, anuncia que "o maior e mais honrado estado que se tem entre os leigos é o de cavaleiro", pois, embora houvesse entre eles "muitos estados", como o de mercadores e de trabalhadores, a cavalaria, segundo ele, era "o mais nobre e mais honrado estado entre todos os outros". Importância esta que, segundo Juan Manuel, a cavalaria havia conquistado por ter se configurado como ordem, passando a adotar seriamente os ritos eclesiásticos, como o casamento, o batismo e inclusive a penitência, com a finalidade de mostrar o envolto apostólico de sua vida. Pode-se notar, portanto, após essas considerações, que, no século XIV, a vida do cavaleiro transformou-se em um modelo amparado, sobretudo, em preceitos religiosos. A própria Igreja, a propósito, considerava as ações bélicas dos cavaleiros como atitudes penitenciais, parecidas com a esmola e a peregrinação (Flori, 2005, p.127-41).

A Paz de Deus, nos séculos XIV e XV, estava mais do que consolidada, pois foi nesse contexto que os cavaleiros se tornaram um grupo distinto, cujo papel na sociedade era proteger os próprios cristãos, evitando qualquer tipo de saque ou atitude que desonrasse os seus iguais (Duby, 1994, p.158-63). Com a multiplicação de hospitais e leprosários e com a iniciativa clerical para que os reis protegessem as viúvas e os órfãos, aumentou significativamente a exigência de um comportamento piedoso e caridoso do cavaleiro. Essa conduta, desde o século XIV, vinha sendo defendida por Juan Manuel (1994, p.213), sobrinho de Afonso X e autor de importantes tratados sobre os ideais cavaleirescos. Essa preocupação em definir o lugar do cavaleiro cortesão, bem como de outros que surgiram contemporaneamente, fez com que a Corte fosse paulatinamente vista como responsável por gerir o bem-estar dos povos, tendo que colocar seus cavaleiros para manter as pessoas do reino seguras de qualquer agressão causada por inimigos de sua fé (Vauchez, 1995, p.57-65). Em Portugal, após os escritos de Álvaro Pais, também são notáveis incursões rumo à definição do papel do cavaleiro na sociedade de Corte, de modo que o séquito avisino conseguiu prescrever um número maior de regras a respeito das responsabilidades desses homens. Como, aos olhos do séquito avisino – à semelhança de seus congêneres europeus –, os cavaleiros representavam o topo da hierarquia, vejamos, então, quais eram as principais medidas para ordenar a vida desses homens.

O monarca D. Duarte se preocupou em ordenar normas e princípios para que esse nobre de sua Corte conhecesse os benefícios de uma vida reta e as desvantagens em se levar uma vida pecaminosa. Para tal, na obra o *Leal conselheiro*, esse mesmo monarca anunciou que

[...] por falecimento, erramos em não ir ver Nosso Senhor e lugares devotos. Também erramos por não visitar para consolar os que devemos. Também erramos em não querer ler o que nos pode ensinar ou em não querer ver pessoas virtuosas ou bons feitos que possam mostrar bons exemplos, servindo como conselho para salvação e regimento da saúde e do bom estado. Por isso menciono que, por não querermos ver o que nos convém muitas vezes, caímos em pecado ou fazemos alguma coisa digna de repressão. (D. Duarte, 1998, p.258)

Nessas linhas, o monarca deixa clara a necessidade que havia, na época, em repreender os pecados para poder seguir os bons exemplos, por isso uma das principais preocupações dessa obra era referente às maneiras como o nobre cavaleiro deveria se guiar no interior do seu grupo. Em primeiro lugar, D. Duarte diz que a falta de boa continência, isto é, de moderação, levava a uma série de situações desfavoráveis à conduta humana, ou seja, à preguiça, ao orgulho e, principalmente, à luxúria, vícios que faziam romper o bom estado da alma e do corpo. Logo em seguida, reafirmando a importância de conter esses problemas, o monarca orienta esse nobre a procurar experiências alheias ou conselhos adquiridos no estudo da perfeita conduta, mostrando que esses são os únicos caminhos para se ter um ritmo de vida regrado e austero, pois somente assim os sentimentos humanos ficariam sob os cuidados de Nosso Senhor (Muniz, 2003, p.123). No referido *Leal conselheiro*, D. Duarte (1998, p. 239) adverte que se alguém entender que errou na "forma de seu viver, e se tal coisa acontecer – e pode acontecer – deve ser feita mudança nos costumes e nas ordenanças que achar que não são boas". Além disso, dever-se-ia cuidar para não seguir os erros dos antepassados. E qualquer mudança não poderia ser feita se não fosse "com bom conselho" e, só assim, se poderia encaminhar a vida na direção da bem-aventurança (ibidem, p.239).

Quando o monarca evidencia sua intenção de ensinar aos grandes cavaleiros modos de superar esses pecados e faltas que tanto afligem o ser humano, fica nítida a função utilitária e pedagógica da sua obra. É de se sublinhar, portanto, que o conjunto de regras exposto, ao longo do tratado, visava um fim prático, voltado especificamente para remodelar as práticas de quem o lesse (Lapa, 1952). D. Duarte não deixa dúvida, desse modo, que os pecados corrompem o coração e colocam esses nobres em um estado contrário aos bons costumes. Afinal, essas falhas diluem-se nas ações do dia a dia e, para contorná-las, era preciso aplicar, com efeito, os ensinamentos divinos e filosóficos em todos os momentos da vida humana.[12] Com tal finalidade, no tratado é notável o cuidado em ressaltar a ajuda que Nosso Senhor Deus proporcionava à vida desses homens (D. Duarte, 1998, p.302), abrindo-lhes os olhos antes que cometessem alguma falha, especialmente no que diz respeito aos deslizes corporais.[13]

D. Duarte ainda esclarece que aquele que guarda os mandamentos de Deus e os ensina "será chamado grande no seu reino" (D. Duarte, 1998, p.8). Em outras palavras, o objetivo desse monarca, ao elaborar um tratado moral, consistia em escrever, "pelo bom regimento de nossas consciência e vontades" (ibidem, p.7), vários conselhos aprendidos ao longo de sua vida, os quais serviriam para ensinar a outros o verdadeiro jeito de se ter uma vida sem grandes tristezas e sofrimentos (ibidem, p.373 e 374).

Antes mesmo de Zurara e de Pina terem escrito suas crônicas, D. Duarte (1982, p.51) já havia alertado o cavaleiro para essa necessidade de ser fiel ao seu rei, porque os leais, verdadeiros e obedientes servidores são sempre bem recebidos no séquito reinol. Já no *Leal conselheiro*, esse mesmo monarca recomenda ao nobre seguir um ABC da lealdade,[14] feito com a intenção de levar os Cortesãos a saberem que esse com-

---

12 Cf. Botelho, in D. Duarte, 1998, p.VIII-IX. Roger Chartier (2004, p.90) considera que esse momento do fim da Idade Média a Época Moderna aumenta significativamente o número de obras que se preocupavam cada vez mais com a postura do homem na sociedade, deixando de lado reflexões aprofundadas em assuntos religiosos.

13 Para Georges Vigarello (in Corbin; Courtine; Vigarello, 2008, p.17), nessa época, destacou-se uma tentativa de autocontrole do corpo para que a pessoa mantivesse o seu pudor. Com isso, ela se tornaria guardiã de si mesma, preservando um comportamento descente.

14 "Por A se pode entender os poderes e paixões que cada um de nos há, e por B o grande bem que acompanha os seguidores das virtudes e bondades, e por C, dos males e pecados de nossa correção" (D. Duarte, 1998, p.9).

promisso também levaria à correção de supostas fraquezas do corpo (D. Duarte, 1998, p.9). Aos olhos de D. Duarte, a lealdade somente se realizaria por inteiro se fossem levadas em consideração três partes: primeiro, entre a pessoa e Deus; segundo, entre a pessoa, seus filhos e sua mulher; e, por fim, e não menos importante, ela se cumpriria quando o nobre se mostrasse interessado por seu reino e sua cidade. Segundo D. Duarte, o cavaleiro fraco não conseguiria nunca ser leal a ninguém, muito menos a Nosso Senhor. A proposta desse monarca era a de convencer o cavaleiro cortesão a firmar um pacto que fizesse dele uma pessoa responsável por sua casa, seu reino e, principalmente, o mantivesse comprometido em ser um bom cristão (ibidem, p.373). Reflexões como essas marcam também outros tratados da época. Além do *Leal conselheiro*, D. Duarte também compôs a *Ensinança de bem cavalgar toda sela*, cujo propósito, segundo esse monarca, era "reunir algumas coisas que pertencem a nossos costumes [...]" (D. Duarte, 1986, p.3). Esse livro tinha função semelhante à do outro, enfatizando, do mesmo modo, que quem o lesse teria bons ensinamentos sobre a verdadeira conduta (Marques, O., 2001, p.XXIII). Assim, em ambos os tratados, esse monarca teve a preocupação de lembrar os grandes cavaleiros sobre a importância da devida continência do corpo, expondo conselhos sobre a forma de estar em sociedade. Desse modo, o monarca expôs momentos distintos, indo da escolha do conselho à sua execução, para mostrar cada passo certo rumo a uma vida digna, honrada e gloriosa (Mongelli, 2001, p.225-8). Passos esses que assinalam a precaução de saber exatamente o ponto de partida e de chegada de uma vida preocupada amplamente em aplicar bons ensinamentos no dia a dia.

No *Livro de montaria*, D. João I (1981, p.15), a propósito, preocupou-se em transmitir os preceitos morais que o cavaleiro deveria aplicar na vida, por meio de uma comparação com as prescrições de como deveria se conduzir na prática da montaria. Segundo ele, com esse desporto o cavaleiro poderia ao mesmo tempo conhecer a fundo as regras sociais de seu grupo e se afastar dos momentos de ócio. De igual modo, no *Livro de ensinança e bem cavalgar toda sela* o monarca D. Duarte (1986, p.40) anuncia que, em tempo de paz, os cavaleiros recebem grandes vantagens em justar, tornar e saber bem reger a lança, pois todas essas habilidades paulatinamente desenvolvidas na formação dos cavaleiros poderiam ser úteis "nos feitos de guerra e em outros costumes" (ibidem, p.7). Como se vê, ambos os monarcas apresentam aos cavaleiros conselhos para que eles melhorassem o desempenho na guerra.

A principal preocupação de D. Duarte consistia em ensinar como o cavaleiro deveria ser também durante os longos períodos de paz e a postura sobre o cavalo era uma excelente metáfora para a conduta diária: "tal jeito como este de andar direito no animal me parece que deveríamos preservar para sermos no mundo bons cavalgadores e sermos fortes para não cair em malícias como muitos caem [...]" (ibidem, p.41). Nessa passagem, o monarca resume o propósito de seu tratado, isto é, fazer com que o cavaleiro entenda que ele deve se preocupar em cavalgar de acordo com as normas, dominando o cavalo e deixando o próprio corpo leve em cima dele; e tendo cuidado semelhante com o corpo quando estiver andando na terra, pois o verdadeiro cavaleiro deveria esforçar-se para endireitar sua postura de monteiro e de cortesão em todos os instantes de sua vida. Visando esses paralelos, D. João I (1981, p.20) enfatizou tanto a caça ao javali, pois, para ele, a caça e a montaria eram jogos propícios para "amadurecer o entendimento", sendo muito mais do que algo para simplesmente passar o tempo, mas uma atividade que ajudava o cavaleiro a se postar como um bom homem no mundo em tempo de paz, assim lhe serviria de inspiração em tempo de guerra – tema que trabalharemos mais detalhadamente no próximo capítulo.

A peculiaridade dessa moral cavaleiresca quatrocentista, em suma, aloja-se no cruzamento de diferentes situações da vida do cavaleiro que deveriam se pautar, sobretudo, na regulação dos desejos e dos prazeres. Por essa razão, de imediato já se pode adiantar que a proposta das obras de Avis era referente a uma dieta dos desejos da cavalaria, ou melhor, um controle bastante eficaz das vontades excessivas e abusivas. Sem tal controle, os reis e cavaleiros não seriam verdadeiros e assemelhar-se-iam "ao dinheiro dos contadores", que lidam com grandes valores, mas que "para si valem muito pouco" (ibidem, p.205-6). Como se vê, a principal crítica à cavalaria é de que seus membros às vezes se entregavam a valores pouco virtuosos, todavia acreditava-se e trabalhava-

-se para que eles passassem a explorar melhor seu potencial e, assim, "conseguiriam mudar suas vidas" (ibidem, p.211). Foi prescrevendo regras e conselhos como esses que a Corte avisina foi forjando uma espécie de modelo que o cavaleiro deveria, se não alcançar, ao menos ter como ideal regulamentador.

Desde os séculos XII e XIII, as relações sociais e os modos de relacionamento entre os cavaleiros foram se alterando significativamente, e o ambiente cortesão europeu voltou-se para a formação de uma ética própria de seus membros, levando em consideração um código de leis, uma escrita da história e, além disso, uma postura social específica do ambiente de Corte (Bloch, 1989, p.79-147). Aos poucos, essa sociedade de Corte portuguesa foi sendo orientada a seguir certos padrões de comportamento, guiados por regimentos, tratados e crônicas que procuravam estender a cortesia para várias dimensões da vida desses nobres. Desse modo, a produção cronística encontrou um espaço privilegiado nessa Corte de Avis, principalmente no que dizia respeito à ordenação da vida cavaleiresca em questão.

Retomando, por fim, o que já foi dito, as preocupações dos cortesãos avisinos com a moral cavaleiresca era de ordem diferente da Corte que a antecedeu, pois, conforme se redefinia o tipo ideal de leitura e as obras apropriadas para se conservar na biblioteca principesca e no próprio Arquivo da Torre do Tombo, os nobres autores avisinos começaram a elaborar um número maior de obras que dissessem respeito à sua autoformação. Em outras palavras, os reis de Avis procuraram encontrar formas particulares de ordenar a vida de seus homens, em que as crônicas produzidas na Corte foram decisivas e serviram como um importante instrumento pedagógico, como veremos melhor adiante.

O lugar da história na Corte

Como a cavalaria se tornou a posição mais elevada que o nobre poderia alcançar no seio dessa Corte, os cavaleiros de prestígio acabaram sendo os principais personagens das crônicas cortesãs. Reis e grandes cavaleiros passaram a ser, assim, o foco dos cronistas. Dito de outro modo, os cronistas portugueses do Quatrocentos procuraram pôr a vida dos cavaleiros em destaque em suas crônicas, pois eles eram o principal exemplo de vida para toda a Corte. Essa proposta de valorização da cavalaria tornou-se uma tópica comum nos escritos cronísticos de Corte. Jean Froissart, o cronista da corte de Felipa de Hainaut, casada com o rei Eduardo III da Inglaterra,[15] por exemplo, havia escrito no prólogo das *Chroniques de France, d'Anglaterre, et des païs voisins*, que queria "ordenar e colocar em prosa as verdadeiras informações" que tinha obtido "de homens corajosos, cavaleiros valorosos" (Froissart apud Jabinet, 2003, p.45). Em linhas gerais, essa imagem da cavalaria pintada pelos cronistas serve-lhes como ponto de partida para ressaltarem, no decurso da história, um jogo cortesão de regras bem estritas, edificantes, as quais elevavam as qualidades do homem ao estado heroico e faziam da cavalaria o esteio desse mundo de Corte.[16]

Cada ciência ou virtude, segundo Zurara (1915, p.76-77), era achada "em quatro graus ou quatro diferenças", pelos quais "o entendimento sobe e desce assim como por uma escada" (ibidem, p.78). O cronista, a seguir, distingue bom, melhor, muito melhor e perfeito como graus para uma e outra, sendo este último grau, para Zurara, identificável com aquele que os gregos chamavam de estado heroico, ou seja, aquele no qual o príncipe incorpora em sua vida a temperança, a continência e a perseverança. Zurara soube usar desse conhecimento grego para moldar um modelo de herói virtuoso: um grande cavaleiro, como foi o infante D. Henrique. Assim, ao longo da *Crónica da tomada de Ceuta*, esse cronista procurou expor, por meio da descrição da história, um modelo de como ser no mundo, um modelo que servia de parâmetro para influenciar a vida de outros cortesãos.[17] E foi a partir de uma moral cavaleiresca que os cronistas procuram forjar uma moral cortesã (Pina, 1977, p.899). Guiado por esse objetivo de historiar a vida exemplar dos cavaleiros, Zurara (1915, p.8) considerou que:

---

15 Cf. Loyon, 1990, p.160.
16 Cf. Huizinga, 1999, p.69-72.
17 Sobre a erudição de Gomes Eanes de Zurara, ver: Carvalho, 1949. E também: Dinis, 1949.

A ESCRITA DO PASSADO ENTRE MONGES E LEIGOS   77

[...] Deus outorgou em fim de seus grandes trabalhos, por contrário de suas *famosas cavalarias bem pode ser exemplo a todos príncipes do mundo.* Muito suficientes historiadores cavaleirosos feitos e façanhosas histórias de muitos reis, duques e príncipes passados, mas por certo em escritura não se achará em tão breve tempo uma tão notável e tão grande cidade filhada por força de armas [...]. (grifos nossos)

Para esse cronista, embora fosse um recurso comum dos historiadores centrarem os seus relatos nas façanhas da cavalaria, a história de sua crônica possuía um diferencial em relação a outras grandes narrativas, pois nem o cerco, em Troia, nem a passagem de Cipião, em África, foram eventos tão excelentes como as aventuras cavaleirescas dos filhos de D. João I, em Ceuta, as quais ele pretendia relatar. Para enaltecer ainda mais os fatos heroicos da casa de Avis, Zurara procurou rechear a *Crónica da tomada de Ceuta* com exemplos de obras clássicas de Santo Agostinho, Isidoro de Sevilha, Homero, Valério Máximo, entre outros, usando a sua erudição para encontrar ornamentos valorativos dos grandes cavaleiros portugueses.

Enquanto Zurara fundamentou um modelo de cavaleiro a partir desses autores e das histórias dos heróis gregos, o cronista Fernão Lopes procurou parâmetros principalmente em temas bíblicos e em novelas de cavalaria. A título ilustrativo, na *Crónica de D. João I*, esse cronista diz que assim como "podemos bem dizer e apropriar como nosso senhor salvador Jesus Cristo" (Lopes, 1977, p.342) fundou a sua igreja junto com Pedro, podemos afirmar que o Mestre de Avis e Nuno Álvares defenderam o seu reino. Desse modo, aos olhos do cronista, as ações cavaleirescas desses portugueses assemelhavam-se à própria vida apostólica. Além dessas referências, na mesma *Crónica de D. João I*, Fernão Lopes comparou Martin da Cunha a Galaaz, herói da *Demanda do Santo Graal*.[18] Em um capítulo, em especial, aparece, pois, um cruzamento da vida das personagens dessa obra com as aventuras dos cavaleiros portugueses, para tal, o cronista anuncia que não fizeram feio diante dos cavaleiros da Távola Redonda. Havia em

---

18 Sobre a demanda, em Portugal, ver: Lapa, 1965, p.105-34.

Portugal Martim da Cunha "que é tão bom como Galaaz e Gonçalo Coutinho que é tão bom como Dom Tristão [...]" (ibidem, p.378). Já o cronista Rui de Pina não recorreu tanto às referidas fontes como os seus antecessores, ao contrário, ora mencionava uma crônica, ora um documento de chancelaria, e pouca atenção dava às obras clássicas ou até mesmo bíblicas. Sua preferência era por uma descrição mais simples, valorizando, desse modo, uma imagem dos cavaleiros pelos seus feitos pontuais, sem ressaltar as suas qualidades e virtudes por meio de comparações com outras grandes personagens históricas. O próprio cronista Pina, no prólogo da *Crónica de D. João II*, reconhece a grandeza das crônicas romanas, no entanto, não as menciona com a frequência que faz Zurara. Não se pode deixar de dizer, no entanto, que essas diferenças fossem significativas ao ponto de ocultar o objetivo em comum de Lopes, Zurara e Pina de supervalorizar os cavaleiros portugueses. Portanto, a diferença de estilo de cada um desses cronistas não apaga o objetivo de exaltar a cavalaria.

As crônicas de Fernão Lopes, Gomes Eanes de Zurara e Rui de Pina possuíam um papel fundamental nessa sociedade cortês: o de ensinar aos reis e aos grandes cavaleiros do reino os comportamentos e as condutas consideradas boas e proveitosas. Esse conhecimento era escrito para servir de exemplo de vida para as próximas gerações de nobres e de reis.[19] Em outras palavras, as crônicas mantinham registrado o modo como essa sociedade se organizou no passado com a finalidade de ensinar aos futuros reis e ao seu séquito modos de agir em várias situações do dia a dia.[20] Como exemplo desse papel da cronística na vida cavaleiresca da Corte, pode-se mencionar o seguinte trecho da *Crónica de D. Duarte*:

> [...] as proporções corporais dos príncipes passados, assim como as suas virtudes e seus costumes são anunciados no início de suas histórias por alguns históricos: eu neste passo seguirei a opinião deles. Portanto, deve-se saber que o Rei D. Duarte foi homem de boa estatura do corpo e de grandes

---

19 Cf. Orcástegui; Sarasa, 1991, p.17.
20 Cf. Guenée, 1980, p.333.

e fortes membros, [...] foi homem desenvolto e costumado em todas as boas manhas, sendo um bom príncipe no campo, na Corte, na paz e na guerra [...] foi caçador e monteiro [...] foi príncipe muito católico e amigo de Deus [...] e cumpria muito perfeitamente as Obras de Misericórdia [...] fez um livro de Regimento para os que costumam andar a cavalo: e compôs outro livro endereçado à Rainha Dona Lianor, sua mulher [...] Deus o dotou com muitas graças: no comer, beber e dormir. Ele foi muito temperado e dotado de todas as perfeições do corpo e da alma. (Pina, 1977, p.494-5)

Nessas palavras, para definir os costumes e as perfeições de D. Duarte, o cronista Rui de Pina levou em consideração três virtudes do rei: ser bom monteiro, ser religioso e ser letrado. Essa crônica, pois, sublinha as principais características desse monarca, pondo em relevo o verdadeiro perfil que se esperava de um bom homem de Corte. Grosso modo, o principal papel da escrita cronística foi exatamente este, isto é, o de mapear na história de Portugal modelos inspiradores de como ser naquela época, e D. Duarte fora, segundo Pina, um desses modelos. Dessa forma, a história produzida na Corte ajudou a traduzir a maneira como a Corte projetou a vida que ela queria que seus homens seguissem ou ao menos tivessem como meta regulamentadora. Por isso, os cronistas régios articularam várias dimensões do lugar da Corte no reino, construindo uma história não unidimensional, que se apresenta num jogo de articulações do público, do governo da República,[21] como o cotidiano da Corte e também com a vida particular do rei. Na trama das crônicas de Fernão Lopes, Gomes Eanes de Zurara e de Rui de Pina, nota-se uma troca entre a vida mais pessoal do rei e dos membros da Corte e o universal dos assuntos administrativos do reino. O discurso cronístico contemplou, ao mesmo tempo, o cotidiano, expressões pessoais e elementos coletivos do séquito de Avis, uma confluência, na verdade, de assuntos que se verá melhor no próximo capítulo, dizendo respeito às relações familiares e pessoais.

Ao passo que a história se transformava em um alvo para a Corte, a escrita cronística ia ganhando novos traços, dinamizando-se e con-

---

21 Para Pina (1977, p.1032), a República seria o reino e o conjunto de vassalos do rei que habitam nesse lugar.

templando a formação de relações sociais próprias do meio cortês. Sem dúvida, de Fernão Lopes a Rui de Pina, o poder monárquico português cresceu e passou cada vez mais a visualizar na história uma oportunidade de deixar para a posterioridade as suas lembranças. Houve, nesse sentido, um porquê de se escrever crônicas em Portugal, no século XV, como já foi destacado há pouco, pois como a Corte de Avis não recomendava que os membros do seu séquito escrevessem livros que fossem somente para o deleite, os tratados e as crônicas serviram como veículo dos ideais da Corte e, ao mesmo tempo, como veículo de formação de uma Corte ideal. Desse modo, não foi por acaso que os cronistas privilegiaram assuntos e temas que dissessem respeito ao reino e em especial ao espaço cortesão, pois se procurava selecionar momentos do passado pela serventia que eles poderiam ter para o próprio séquito de Avis. Em linhas gerais, a visão de história dessas crônicas era régio-cortesã, pelo fato de os cronistas ordenarem os acontecimentos históricos que diziam respeito ao reino a partir da descrição da vida da Corte. Essas crônicas régias tinham a finalidade de justificar o lugar da Corte como gestora da vida de seus homens e das terras de Portugal. Para os cronistas, pois, o sentido da história passava por tornar modelar a vida na Corte avisina e, para cumprir tal missão, o fazer cronístico passou por decisivas mudanças, incluindo a alteração do lugar onde se escrevia a história e o perfil daqueles que a escreviam.

Nesse momento, o centro da produção do saber deixa de ser os mosteiros e a Corte passa a contar com a sua própria biblioteca e seu próprio arquivo histórico (Serrão, 1972, p.45). Enquanto, nos mosteiros, o fazer cronístico era uma ocupação secundária, não existindo um monge encarregado de somente escrever as histórias – tarefa que cabia ao *scriptorium* –, na Corte de Avis, os reis fizeram da história um ofício autônomo, designando certos homens da Corte para exercê-lo. Se antes a história servia ao mosteiro e ao rei conjuntamente, ela passa depois a servir mais diretamente ao poder monárquico. A monarquia avisina forjou, portanto, ao longo do século XV, novos meios para sustentar o lugar da sua Corte no reino,[22] aos poucos, os reis de Avis começaram a

---

22 Cf. Chartier, 1988, p.215-6.

substituir clérigos por homens de seu séquito no exercício das atividades administrativas. Já a partir do governo de D. João I, o número de clérigos que compunham o quadro de funcionários do reino diminui significativamente, graças à crescente preferência por homens leigos para cumprir diferentes funções na Corte (Homem, 1990, p.239-41). É nesse contexto que a escrita da história laical ganhou espaço na sociedade portuguesa e o fazer cronístico começou a ter prestígio nessa sociedade, justamente quando o poder monárquico se empenhou na secularização da produção de saber.[23]

Desse modo, era do interior da Corte que saíam os homens que escreveriam a partir desse momento a história do reino. Ao contrário de juristas cortesãos, como João de Regras e o próprio Diogo Martins – homens que frequentaram a Universidade de Direito de Bolonha,[24] esses cronistas adquiriam sua formação somente na prática do exercício de suas funções. A escrita da história foi se tornando, aos poucos, um saber de Corte, em que contava, na formação do cronista, também a sua experiência em outras atividades desempenhadas nas imediações do poder. Foi, dessa forma, no desempenho de tais atividades que os cronistas conseguiram adquirir habilidades de escrita e de uso da documentação.

Fernão Lopes havia sido escrivão da puridade do infante D. Fernando.[25] Gomes Eanes de Zurara, por sua vez, era cavaleiro da Ordem de Cristo e zelador da biblioteca de D. Afonso V antes de ocupar o cargo de cronista-mor. Já o cronista Rui de Pina (1977, p.905) havia participado de várias embaixadas a Roma e a Castela, segundo conta ele próprio na crônica de D. João II: "[...] de Monte Moor enviou o rei neste ano como embaixadores ao rei e à rainha de Castela D. João da Silveira barão de Alvito e com ele Rui de Pina [...]". Desse modo, os três cronistas da Torre do Tombo, além de serem homens de confiança do rei, eram homens que possuíam experiência em assuntos relativos à administração. Conforme D. Duarte e D. Afonso V reconheciam o peso

---

23 Cf. Serrão, 1989, p.11.
24 Cf. Ventura, 1997, p.36.
25 Carta pela qual Fernão Lopes, por ser já muito velho e fraco, é, a seu prazimento, substituído na guarda das escrituras do Tombo por Gomes Eanes de Zurara (Lopes, 1977, p.LVIII).

da escrita da história no reino, esses mesmos monarcas procuravam homens que fossem leais para o cargo de cronista-mor. As próprias cartas que empossavam os cronistas lembravam da importância de se ter um cronista responsável por suas tarefas no reino,[26] uma vez que ele seria o encarregado de historiar as grandezas do reino de Avis (Serrão, 1989).

Pode-se dizer que houve um ponto em comum entre as experiências anteriores desses cronistas e sua atividade de historiador propriamente dita: os três já manuseavam documentos régios em suas funções precedentes. Experiência de suma importância, pois, como a eficácia do trabalho do cronista se confundia com a credibilidade da narrativa, alcançada em grande parte com as informações levantadas no Arquivo régio, conhecer a documentação acerca do reino era uma experiência fundamental no exercício da atividade de cronista. Do mesmo modo, a experiência de Fernão Lopes no ofício de escrivão da puridade não foi menos útil, já que, da mesma forma que ele precisava naquela atividade confirmar a veracidade de um contrato, ele deveria assentar a verdade na escrita do passado, pois ambos os ofícios firmavam-se no rigor documental.[27] Segundo Lopes, a finalidade da história era contar a verdade nua dos acontecimentos, aquilo que os documentos, de fato, afirmavam. Por isso, os cronistas mencionavam outras crônicas e demais documentos que serviam de ponto de partida para se pensar determinadas matérias, por exemplo, na *Crónica de D. Afonso III*, o cronista Rui de Pina (1977, p.420) anuncia que "[...] a verdade disto eu cronista verdadeiramente vi nas próprias doações, quitações e privilégios" que constam "nesses documentos da Torre do Tombo e que provavelmente também estão no cartório de Castela". Em outro trecho dessa mesma crônica, Pina comenta que consultou as crônicas de Castela por serem detalhadas e por lhe fornecerem dados acerca da vida de D. Dinis como infante. Esse labor cronístico procurou amparar-se, portanto, especialmente em uma história arquivística, que via nos documentos uma autoridade para se escrever sobre o passado.[28] Nesse sentido, quanto

---

26 Ibidem.
27 Cf. Saraiva, 1993, p.176.
28 Cf. Guenée, 1980, p.67.

mais o cronista conhecesse os arquivos régios e os documentos sobre aquela Corte, mais facilidade ele teria para redigir as suas crônicas. Como os cronistas já participavam ativamente na administração da Corte de Avis, eles conseguiam, de acordo com a expectativa dos reis, escrever sobre as histórias do reino, pondo em destaque essa Corte e seus cavaleiros. A intenção dos cronistas, a bem da verdade, era fazer uma história simples e verdadeira, que conseguisse convencer sobre a importância de se olhar para o passado, mostrando que foi a partir dele que Deus ofereceu aos homens uma oportunidade de enriquecerem seu conhecimento e a prática de suas virtudes (França, 2006, p.122-3). Por exemplo, na *Crónica de D. Pedro*, o cronista Lopes menciona que vários autores eloquentes comentavam histórias de amores,[29] mas nem todas aconteceram, como o envolvimento de D. Pedro com D. Inês por ele historiado, pois havia obras que não possuíam "fundamento sobre verdade" (Lopes, 1987, p.199). Em outra parte da referida *Crónica de D. Pedro*, segundo o mesmo cronista Lopes, "o fruto principal da alma é a verdade, pela qual todas as coisas estão em firmeza", e ela tinha "de ser clara e não fingida [...]" (ibidem, p.141).

O cronista Zurara conversou com pessoas que vivenciaram os acontecimentos para conseguir redigir uma história fiel aos fatos, e Lopes se baseou sobretudo na consulta aos arquivos, portanto, um ou outro recurso servia a uma mesma intenção, isto é, procurar evidenciar da melhor forma possível essa verdade. A partir da análise desse objetivo dos cronistas, pode-se dizer que fazer crônica tornou-se oposto a escrever gesta (Guenée, 1980, p.23), pois os cronistas da Torre do Tombo procuram comentar histórias verdadeiras sobre cavaleiros que, de fato, existiram (ibidem, p.24-5). Como foi apontado, o cronista Zurara (1997, p.55) desqualificou as obras cavaleirescas escritas anteriormente em solo português, diferenciando as suas obras pelo fato de elas não serem inventadas como as novelas. Além disso, mesmo consciente de que a história não podia conservar tudo o que havia se passado e que lhe cabia selecionar os fatos, entendeu que essa escolha dos acontecimentos históricos contava com a intervenção divina e era

---

29 Cf. Saraiva, 1993, p.47.

movida para o engrandecimento da vida dos homens daquela Corte. Por esse motivo, no fim da *Crónica da tomada de Ceuta*, o cronista Gomes Eanes de Zurara (1915, p.272) se interroga: que "coisa pode melhor ser entre os vivos que a escritura pela qual seguimos direitamente o verdadeiro caminho das virtudes, que é o prêmio de nossa bem aventurança"?

Na percepção de Zurara, o medo da morte diminuía a partir do instante em que se tinha a certeza de como a escritura "é a mais segura sepultura para qualquer príncipe ou barão virtuoso, pois por meio dela outras pessoas saberiam como foram em vida" (ibidem, p.273). As crônicas ou outras obras de conteúdo histórico poderiam suavizar, segundo Zurara, a dor da perda de uma pessoa, dado que as suas virtudes, graças ao potencial da escritura em imortalizar a sua história, permaneceriam vivas. Por exemplo, questiona Zurara se haveria outra forma, senão pelas escrituras, de se saber os virtuosos feitos até Tarquino, o soberbo. Só por meio delas seria possível, ou pelos feitos dos cônsules e ditadores romanos, "os quais de boa mente sofriam a morte, porque depois, para todo sempre, os seus nomes fossem achados nas escrituras, por dignos de grande memória [...]" (ibidem, p.292).

Os cronistas procuraram o respaldo de seu ofício em autores clássicos, principalmente em Marco Túlio Cícero, com o objetivo de reafirmar a história como mestra da vida, espelho de virtudes e de exemplos, pois, para Rui de Pina (1977, p.899), os humanos somente conseguiam aprender com a história porque a vontade divina possibilitou que assim fosse. E a menção ao nome de Cícero, como fez Fernão Lopes e Gomes Eanes de Zurara, servia também para dar respaldo às crônicas, pois a citação de seu nome os vinculava a uma tradição importante. Referindo-se ao mesmo Cícero, em uma carta ao rei D. Afonso V, Zurara (1915, p.5) anuncia que um dito seu propunha que não basta "ao homem fazer boa coisa, mas fazê-la bem". Essa colocação é feita pelo cronista para clarear a importância das cousas boas realizadas pelo Infante D. Henrique, ou melhor, suas perfeições oriundas de suas virtudes heroicas. Ao evidenciar isso, ainda se pautando nas palavras do filósofo Cícero, o cronista aconselha o rei de que seria um erro se a vida de D. Henrique não fosse, por escrito, do conhecimento de outros príncipes e principalmente do mundo. Já na *Crónica de Guiné*, escrevendo sobre a vida desse infante, sustentou ainda mais a importância da escrita da história como mestra da vida, pois a gloriosa história desse cavaleiro seria escrita por louvor de Deus, único que poderia salvaguardar a linhagem de Avis, o séquito de D. Henrique e de seus irmãos. Para esses cronistas régios, a história tornava-se exemplo de vida justamente porque foi Deus quem interveio junto aos reis de Portugal no passado para que eles conseguissem formar e estabilizar o reino português.

Grosso modo, a história teve um lugar na vida da Corte, assim como teve na vida do mosteiro de Santa Cruz de Coimbra. Os cronistas régios foram encarregados de assentar a memória do reino e, com essa finalidade, narraram os acontecimentos históricos relativos a Portugal de acordo com o papel que os homens de Corte – reis, nobres e cavaleiros – ocuparam no processo histórico. Portanto, entre os séculos XIV e XV, alteraram-se as personagens e o ponto de vista de como escrever a história. No século XV, como tudo indica, as transformações políticas e sociais no âmbito régio trouxeram certas inquietações acerca da conduta cortesã, paulatinamente, tratados, crônicas e outros textos escritos na Corte propõem-se conter os comportamentos considerados nocivos ao corpo e à alma.

O poder monárquico português preocupou-se, sem dúvida, em identificar a Corte não só como órgão ordenador das tarefas administrativas, mas também como um espaço onde circulavam príncipes, reis e as principais linhagens do reino.[30] Talvez, por isso a Corte tenha sido mais do que um órgão gestor da chancelaria, da fazenda ou da justiça, pois ela manteve viva uma série de comportamentos próprios da realeza e das pessoas que a circundavam. É importante destacar que, nessa altura, a escrita da história conquistou um lugar de destaque nessa sociedade, justamente porque as crônicas participaram desse projeto de autoafirmação de um modelo exemplar de vida na Corte, anunciando, segundo o cronista Rui de Pina (1977, p.899), caminhos para esses cortesãos viverem sempre bem.

---

30 Cf. Homem, 1990, p.175-271.

A produção dos cronistas Fernão Lopes, Gomes Eanes de Zurara e Rui de Pina insere-se nesse conjunto de escritos destinados a fornecer novos parâmetros para a Corte. Embora haja diferenças entre suas temáticas e nas próprias prioridades narrativas, o que se pode concluir é que, para eles, a sua escrita não deveria ter um comprometimento apenas político – de legitimação da nova dinastia –, mas deveria igualmente voltar-se para formar um conjunto de regras e condutas sociais próprios e adequados aos homens da Corte de Avis. Um comprometido, pois, também moralizante. Assim, cada um desses cronistas tentou, a seu modo, exaltar as glórias dos cavaleiros portugueses, colocando as suas obras a serviço da Corte de Avis e dos objetivos de seus governantes. Em última instância, nessas linhas finais, cabe novamente dizer que a fundação do cargo de cronista-mor fez parte de um projeto dos reis de Avis, voltado para fixar o lugar da Corte principesca no reino português, autoafirmando a moral cavaleiresca como a moral do séquito avisino.

Mas vejamos agora, mais detalhadamente, aos olhos dos cronistas, os fundamentos dessa moral de Corte e em que medida ela se alimentou da moral monástica para construir seus próprios valores.

3
DOIS ESPAÇOS E DOIS TEMPOS DE ESCRITA DA HISTÓRIA

O pensador cristão Santo Agostinho (1990, p.207), na obra *A cidade de Deus*, anuncia que:

> [...] os velhos e primitivos romanos, segundo nos ensina e lembra a História, mesmo quando, como outros povos, exceto o hebreu, tributaram culto a deuses falsos e imolavam vítimas, não a Deus, mas aos demônios, eram ávidos de louvor, liberais em dinheiro e queriam glória imensa e riquezas honestas. Amaram-na com ardentíssimo amor, por ela quiseram viver e não vacilaram em morrer por ela. A cobiça imensa da glória constituiu o freio de todas as demais cupidezes.

Os primeiros romanos, segundo Agostinho (ibidem, p.208), entregavam-se às concupiscências do corpo, ao aumento das riquezas e à corrupção da carne. Já, no contexto da República, aparecem homens que mudaram o rumo de suas vidas, tornando-se virtuosos, pois conseguiam regrar seus prazeres. A vontade de comentar os deslizes e a boa aventurança dos romanos é motivada, entre os filósofos cristãos, pela necessidade de fazer da história uma escola da vida, na qual se poderia aprender os verdadeiros hábitos virtuosos e as posturas a serem evitadas. A produção do mosteiro de Santa Cruz atualiza tais preocupações e, de diversas formas, retoma as obras desse filósofo cristão com o objetivo de sustentar e justificar a escrita cronística, que foi um dos carros-chefes de sua produção escrita.[1]

A concepção utilitária da história é um dos principais pontos retomados da obra do Santo Padre pelos cronistas crúzios, que escreveram crônicas movidos pela esperança de alimentar o presente e o futuro com as experiências e os sucessos de homens que, no passado, foram exemplos de pureza e de devoção a Deus. Para eles, pois, os acontecimentos históricos só ganhariam sentido mais elevado quando servissem para instruir a comunidade monástica e fixar condutas para uma existência beata (Koselleck, 2006, p.21-41). Dito de outra forma, com a finalidade de utilizar o fazer cronístico como projeção de um modelo aos tempos vindouros, os cronistas crúzios assinalaram em suas crônicas exemplos que fossem inspiradores de uma postura merecedora da beatitude.[2] A escrita de crônicas, assim, acabou sendo uma incursão rumo à manutenção dos valores vivenciados outrora e no presente para que, no futuro, os homens do reino tivessem em mãos orientações sobre os verdadeiros modos de se conduzirem na vida. No estudo que se segue, nosso objetivo é pensar como esse modelo de conduta monástica alimentou também os parâmetros de virtude da escrita da história na Corte avisina.

Esses cronistas monásticos dos séculos XIV e os cronistas leigos do XV que os sucederão na escrita da história comprometeram-se, como seus contemporâneos, a montar, a partir da escrita cronística, um espelho de virtudes. O primeiro alvo deste trabalho é analisar em que medida se pode dizer que as virtudes da justiça, do equilíbrio alimentar e sexual, anunciadas como exemplares pelos cronistas régios em seus prólogos e no corpo de suas crônicas, retomaram valores sugeridos de forma dispersa pelos crúzios, nas *Crónicas breves*, ao descreverem a vida de reis, nobres e religiosos. Mas, para entendermos como tais valores e virtudes são pensados pelos historiadores medievais, cabe-nos, primeiramente, examinar como se constroem esses dois corpos documentais, melhor dizendo, cabe-nos observar as diferenças e

---

1 Cf. Matosso, 1983, p.113-20.
2 Cf. Gilson, 2006, p.225.

aproximações entre o fazer cronístico crúzio e da Corte de Avis para perceber em que medida é possível falar em continuidade ou ruptura entre os valores religiosos e os laicais na preservação do passado. Tais valores e virtudes, a princípio, são definidos a partir de uma relação ainda muito forte nos séculos XIV e XV, a relação entre a guerra e a paz. Bem e mal, verdadeiro e falso, virtuoso e vicioso se definem, como veremos mais adiante, nesse jogo muito frutífero na Idade Média que é o da necessidade da guerra e da importância da paz. Aos olhos dos cronistas, os planos em que melhor se podem definir as condutas são aqueles em que a moral cavaleiresca pode ser exercitada mais exaustivamente, ou seja, nos tempos de guerra, ou aqueles dedicados especialmente à família, à construção de laços de fidelidade e às festividades de Corte, isto é, os momentos de paz. Em meio a essa discussão, procuraremos ver até que ponto, no âmbito da Corte avisina, os cronistas régios prescreveram normas e condutas aos grandes nobres do reino, próprias dos tempos de guerra e de paz, sem contradizerem inteiramente os propósitos morais das crônicas elaboradas pelos monges copistas do mosteiro de Santa Cruz de Coimbra.

Dos valores e virtudes

O fazer cronístico ganhou fôlego, em Santa Cruz, ao longo do século XIV, no momento em que os monges crúzios fizeram um levantamento de documentos e de outras crônicas sobre o século da fundação do mosteiro. Isso ocorreu na medida em que tomaram conta do valor vital da documentação disponível sobre o passado do reino, a ponto de trazerem uma cópia do *Livro de linhagens de D. Pedro* e da *Crónica geral de Espanha* para o mosteiro, procurando se servir não só de materiais oriundos de *scriptoria* monásticos, mas também provenientes de outros espaços, como da Corte de Afonso X. Desse modo, Santa Cruz despertou para uma cultura documental, cujo fundamento era reunir referências acerca da própria história do reino e de outras regiões da Europa. Com isso, amparou seu fazer cronístico, principalmente, na compilação de outros textos, pois, ao contrário de vários anais dos séculos XII e XIII, que se baseavam exclusivamente na coleta de dados provenientes de conversas e histórias narradas no mosteiro, as *Crónicas breves* contaram em sua elaboração com um levantamento especialmente de fontes escritas.[3] Em linhas gerais, entre 1250 e 1450, a escrita generalizou-se nas administrações monásticas portuguesas, o que levou à racionalização e sistematização do uso da memória e trouxe como consequência uma tendência contrária à oralidade e favorável à ideia de que o texto poderia, por si só, ser suficiente para desenvolver uma cultura monástica (Zumthor, 1993). Por isso, nos mosteiros, os monges foram se apegando cada vez mais à escrita e menos às tradições orais, percebendo a necessidade de se melhorar os arquivos e de se refundir um maior número de manuscritos.

Essa coleção de documentos de Santa Cruz não permaneceu, no entanto, armazenada só nesse mosteiro, pois, entre o fim do século XIV e início do século XV, parte desse manancial foi transladada para a Corte de Avis (Serrão, s.d, p.390), servindo, sobretudo, para os cronistas régios retomarem temas e textos dos primeiros reinados portugueses.[4] O cronista da *Crónica de 1419* menciona que "foi achada no Mosteiro de Santa Cruz de Coimbra uma escritura" que tratava da guerra entre os mouros e os portugueses, e ressalta a importância desse material para a continuação de sua crônica (*Crônica de cinco reis*, 1945, p.130). Desse modo, os próprios cronistas de Corte recorriam à documentação desse mosteiro na hora de elaborarem suas crônicas, reconhecendo o potencial de Santa Cruz como centro arquivístico. O cronista Gomes Eanes de Zurara (1915, p.13) escreveu que Fernão Lopes "despendeu muito tempo andando pelos mosteiros e igrejas" para ter informações acerca do reino, visitando locais onde pudessem ser encontrados documentos sobre a vida do reino e que fossem úteis para orientar a sua escrita. Afinal, a história começava a ser elaborada, para Zurara (ibidem, p.45), a partir do ajuntamento de documentação, uma vez que a memória dos homens, quando chegavam à derradeira idade, perdia muitas coisas que "na mancebia aprenderam". Por isso,

---

3 Cf. Basto, 1960.
4 Cf. Correia de Matos, 1999, p.95-143.

esse mesmo cronista menciona uma epístola de São Jerônimo em que o santo dizia: "sendo ele mancebo, todas as coisas retinha vivamente, mas depois [...] quando o sangue esfria, as coisas aprendidas na juventude são esquecidas" posteriormente (ibidem, p.46).

A partir dessas considerações de Zurara, fica sugerido o valor dos documentos monásticos para a preparação das crônicas régias leigas. E para tentarmos entender melhor esse traslado de fontes de Santa Cruz para a Torre do Tombo, é importante recordar que o poder monárquico português, no século XV, alcançou uma experiência sem precedentes. Os conselhos reinóis tornaram-se permanentes e a monarquia avisina pode, enfim, concentrar todas as prerrogativas administrativas nas mãos de seus monarcas.[5] Em decorrência desses desdobramentos políticos, a sociedade de Corte que se forma nesse contexto surge compromissada com a elaboração de um modelo inspirador da boa governança, procurando inspiração, sobretudo, em obras refundidas nos *scriptoria* monásticos.[6] É assim que os cronistas régios vão, aos poucos, servindo-se desse material monástico para dar sequência às suas crônicas.

O mosteiro de Santa Cruz influenciou diretamente a produção da *Crónica de 1419*, que apresenta partes compiladas das *Crónicas breves* (Saraiva, 1991, p.29). Em um trecho dessas crônicas monásticas, o cronista anônimo redigiu a seguinte frase:

> [...] tomaram ao Imperador no combate sete condes e muitos outros cavaleiros e mataram-lhe muita gente. Afonso Henriques foi-se logo dali e ganhou todo Portugal por armas como se fosse de mouros. E levou consigo sua mãe presa. (*Crónicas breves*, 1969, p.29)

Respectivamente, nessa outra crônica, esse trecho aparece refundido da seguinte maneira: "o Imperador perdeu sete condes e outros muitos cavaleiros e mataram-lhe muita gente. E o príncipe foi embora logo dali, levando a sua mãe presa [...]" (*Crónica de cinco reis*, 1945,

---

5 Cf. Matosso, 1997, p.232.
6 Cf. Homem, 1990, p.175-271; Guenée, 1987, p.34.

p.56). No entanto, mais importante do que mencionar essa refundição é dizer que as preocupações se repetem de uma crônica a outra, pois o alvo da cronística continua sendo o processo de formação do reino a partir dos esforços de cavaleiros e de monges portugueses. De modo que, na *Crónica de 1419*, manteve-se também o interesse em comentar a vida de mártires, o que pode ser notado no seguinte trecho: "Uma mulher nessa cidade de Coimbra, chamada M., casada com um homem que chamavam P. Esteves, perdeu a sua vista de todo e não via nada, e veio a este mosteiro de Santa Cruz e pediu aos monges que lhe dessem um pouco de água dos preciosos mártires" (ibidem, p.245), a água, então, curou seus olhos. Assim, a crônica estabelece, como as *Crónicas breves*, uma relação entre a doença, o mosteiro e a cura, indicando que as casas de oração viam o corpo dos mártires como símbolo da mais alta virtude de Deus na Terra, possibilitando, desse modo, não só a salvação, mas também a cura imediata de doenças. O papel das "casas de oração" fica mais claro quando o cronista ressalta "que todo o espiritual das vilas" deveria ficar "a S. Cruz, e o temporal", sempre aos reis de Portugal (ibidem, p.79).

É possível notar, a partir dessas referências, que houve uma troca de temas entre as *Crónicas breves* e a *Crónica de 1419*, já que esta crônica de Corte também destaca o papel de mosteiros, principalmente de Santa Cruz, na vida do reino português. Esses pontos em comum, contudo, surgem igualmente no que diz respeito à guerra e à paz, como veremos adiante, mas o que já foi visto é suficiente para permitir-nos afirmar que essas crônicas monásticas foram utilizadas como fonte para a confecção das crônicas de Corte. Importa agora destacar que não apenas aproximações marcam a história da produção cronística entre o mosteiro e a corte no Portugal dos séculos XIV e XV. Na verdade, não se podem negligenciar os deslocamentos, pois os cronistas régios conseguiram sistematizar mais detalhadamente a memória do reino e, além disso, percorreram um período mais longo. Por essa razão, trouxeram novas preocupações e alvos para a escrita da história portuguesa, como convém notar.

De antemão, pode-se destacar que o interesse dos crúzios responsáveis pela elaboração das *Crónicas breves* era o passado remoto, principalmente relativo aos séculos XII e XIII, pois davam preferência ao período no qual Santa Cruz foi fundada e não ao momento em que eles viviam. Já os cronistas da Torre do Tombo, quando escreviam crônicas a respeito do governo dos reis passados estavam, na verdade, especialmente interessados em apresentar a trajetória histórica de reis que antecederam ao governo dos reis de Avis. Por exemplo, Fernão Lopes escreveu primeiramente a *Crónica de D. João I*, abordando histórias próximas àquelas que ele presenciou para, em seguida, compor crônicas de reis passados, como a *Crónica de D. Pedro* e a *Crónica de D. Fernando*. Nessa mesma linha, o cronista Rui de Pina começou pela história dos reinados próximos aos tempos em que ele viveu, redigindo a *Crónica de D. Afonso V*, a *Crónica de João II* e a *Crónica de D. Duarte* inicialmente e, só depois de 1513, teria redigido as *Crónicas de D. Afonso II, D. Sancho II, D. Afonso II, D. Dinis e D. Afonso IV*, priorizando, assim, a história de reis que ele conheceu.[7] Desse modo, pode-se dizer que os cronistas de Corte identificaram-se com as histórias contemporâneas aos governos da dinastia avisina, tendo o cronista Gomes Eanes de Zurara, por exemplo, refundido apenas crônicas voltadas para o século XV. Esse interesse dos cronistas Lopes, Zurara e Pina pela história presente se explica, como tem apontado a historiografia,[8] pela necessidade de se consolidar a recente dinastia de Avis; e os crúzios, por sua vez, procuravam, com a história de tempos longínquos, lembrar principalmente o século do surgimento de Santa Cruz.

Um segundo ponto de diferença dizia respeito ao uso do prólogo, pois, ao contrário das *Crónicas breves*, que não possuíam uma parte descritiva dos objetivos e da própria intenção que movia a elaboração do texto, as crônicas régias incluem uma parte, no início da obra, em que os propósitos, bem como os fundamentos do fazer cronístico são explicitados.[9] Conforme as obras medievais eram reconhecidas pelos seus gêneros,[10] como tratados, crônicas, histórias, *exemplum*, novelas

---

7 Cf. Radulet, s.d., p.30.
8 Cf. Rebelo, 1983, p.113-30.
9 Cf. Guenée, 1980, p.55.
10 O gênero, nessa época, pode ser apreendido a partir dos propósitos do texto, os objetivos e caminhos pelos quais o compilador traçaria a sua obra. Cf. Guenée, 1984, p.8.

de cavalaria, cantigas, espelhos de príncipes, livros de linhagens, ordenações e outros, o prefácio, quando aparecia, tinha como uma das suas funções declarar em qual desses gêneros a obra se inseria, bem como os objetivos desse texto. Nesses prólogos, além de os cronistas reconhecerem que faziam crônicas, procuravam mostrar a superioridade do fazer cronístico como mecanismo para se ordenar a memória. A propósito, as *Crónicas breves* e outras obras monásticas, como as primeiras versões das *Grandes crónicas da França*, podem ser vistas como as iniciadoras de um processo que ocorreu em diferentes reinos europeus e que contribuiu para revitalizar o uso desse gênero, definindo o seu lugar entre outras formas de escrita.[11] Todavia, os mosteiros somente deram o primeiro passo, tendo as Cortes prosseguido na elaboração de crônicas mais volumosas, já com prólogos mais estruturados e delimitados.

Fernão Lopes, Gomes Eanes de Zurara e Rui de Pina procuraram escrever de um modo didático seus prólogos para que suas pretensões ficassem bem claras. É no prólogo das crônicas, por exemplo, que ficamos a saber a quem se destinam as histórias e sobre quem são contadas. Na *Crónica de D. Sancho I*, o cronista Rui de Pina (1977, p.9), depois de dizer que começaria pelo rei D. Sancho, diz que dirigia "ao muito alto e excelente e poderoso príncipe o rei D. Manoel nosso senhor [...]" essa obra contendo as grandezas e virtudes dos antepassados desse rei. Já no prólogo da *Crónica de D. Duarte*, esse mesmo Pina (ibidem, p.720) esclarece que, lendo as histórias escritas, "vemos as perfeitas virtudes e merecidos louvores de nossos naturais e maiores, especialmente daqueles de que descendemos". Esclarece, pois, nesse prefácio o porquê de se empenhar em elaborar as suas crônicas, elencando motivos e inspirações para o ofício cronístico. Na *Crônica da tomada de Ceuta*, no entanto, não consta um prólogo, mas as informações que normalmente seriam tratadas nessa parte da obra são diluídas nos três primeiros capítulos da crônica, como se pode observar no início do terceiro capítulo, no qual o cronista declara:

---

11 Cf. Cécile, 2004, p.201-19.

Qual foi o primeiro movimento daquela demanda que era entre o reino de Castela e o nosso Portugal e, além disso, todos os esquecimentos que disso seguiram, tenho que fica declarado em um livro que disso é escrito, o qual foi posto em ordenança por uma notável pessoa que chamam Fernão Lopes homem de comunal ciência e grande autoridade que foi escrivão de puridades do infante D. Fernando. Ao qual rei D. Duarte, quando infante, cometeu encargo de apanhar os avisamentos que pertencia à grandeza deles e autoridades dos príncipes e doutras notáveis pessoas que os fizeram. E, porquanto o dito Fernão Lopes não pode mais chegar com a dita história que até a tomada de Ceuta [...]. (Zurara, 1915, p.11-2)

Nessas palavras, o cronista Zurara comenta que Fernão Lopes escreveu sobre as disputas entre Castela e Portugal (1383-1385) até a tomada de Ceuta. Ele, por sua vez, teve a tarefa de complementar o que Lopes já havia feito, ordenando as histórias seguintes. Nesse sentido, a tradição de Corte, desde a Corte francesa do século XIV, com os escritos de Jean Froissart ou posteriormente, no século XV, com Felipe de Contamine, era fazer do prefácio um espaço para indicar o que se pretendia da história e como ela deveria ser escrita, bem como para apontar valores e virtudes ideais dos nobres, que seriam confirmadas ao longo das narrativas sobre a vida desses homens (Guenée, 1984, p.13). A respeito disso, no prólogo da *Crónica de Guiné*, Zurara (1973, p.12) explica que a crônica começaria comentando os costumes e virtudes e ainda as feições corporais de D. Henrique, seguindo o procedimento usado por vários cronistas conhecidos por ele. Já no prólogo da *Crónica de D. Afonso IV*, o cronista Pina (1977, p.584) define as histórias escritas nas crônicas como dedicadas às "perfeitas bondades e memorandas façanhas de Barões", histórias que quando lidas ou ouvidas, segundo ele, nos moveriam "para eliminar os vícios e com uma virtuosa inveja de seus gloriosos exemplos" seríamos despertados para seguir o caminho da virtude.

Mas se as crônicas régias, diferentemente das monásticas, são mais explícitas quanto ao que esperam da história e se preocupam em apresentar uma síntese das virtudes modelares logo no início, não quer dizer que alvos e valores semelhantes não sejam afirmados no corpo das *Crónicas breves*. Ao contrário, o deslocamento entre uma produção e outra está muito mais relacionado ao procedimento de exposição das ideias e, em parte, aos temas abordados e não propriamente às expectativas em relação ao que historiar e aos parâmetros das virtudes. Isso pode ser melhor percebido se analisarmos quais são essas virtudes e seus usos tal como os cronistas régios e monásticos as apresentam. Primeiramente, partiremos da análise da justiça e, em seguida, comentaremos a temperança, pois elas são, no quadro das virtudes, não só as mais mencionadas, mas as consideradas como primordiais pelos cronistas. Sem uma e outra, não há como se chegar às demais e nem como evitar os danos dos vícios (Lopes, 1987, p.2).

Tanto para os crúzios como para os cronistas régios, a principal obrigação do rei no exercício de suas tarefas era aplicar a justiça e garantir a segurança do reino. Por exemplo, segundo as *Crónicas breves* (1969, p.26), o monarca Afonso Henriques imediatamente armou uma ofensiva contra o Conde D. Fernando de Trastâmara no momento no qual ele intencionava usurpar o trono e desestabilizar o recente reino português. Em outra altura das referidas *Crónicas breves* (ibidem, p.27), sabendo que problemas como esses poderiam se repetir nas administrações vindouras, Afonso Henriques lembrou seu filho de que:

> E nem por pedidos nem por cobiça deixes de fazer justiça, pois se um dia deixares de fazer justiça um palmo, logo ao outro dia se afastará de ti um braço. E por isso meu filho guarda sempre justiça no seu coração. Assim, terás contigo Deus e as gentes. Não consinta de modo algum que os teus homens sejam soberbos, nem se atrevam a fazer mal nem injuriem alguém.

Como, aos olhos dos crúzios, a justiça era a base de sustentação do governo, é atribuída a Afonso Henriques a consciência de que haveria consequências desastrosas ao reino, caso o rei não conseguisse ser justo.[12] Assim, logo que o reino português é constituído, o poder monárquico é identificado como símbolo de autoridade, responsável

---

12 Sobre a relação rei sábio e justo e as formas de construção de um conjunto de obras apologéticas da casa de Avis, ver: Rebelo, 1982, p.195-240.

por formar conselhos, defender o reino e colocar em prática um conjunto de medidas administrativas que outorgassem, cada vez mais, o controle da justiça aos funcionários régios.[13] No universo monástico, a reflexão acerca da justiça é notada já no texto da Regra, no qual Santo Agostinho (2003, p.12) havia alertado os monges a obedecer ao Superior para "manter a disciplina com agrado". É necessário lembrar que, para os agostinianos e beneditinos, era pela preservação e uso da disciplina que se aplicava a justiça entre os religiosos. E eram os abades os responsáveis por executá-la.[14]

Enquanto os crúzios fundamentavam sua concepção de disciplina e de ordem na Regra, os cronistas régios, como aponta a historiografia, buscavam amparo principalmente em obras de juristas como Egídio Romano, ou seja, autores que discutiram o modelo de *Rex Justus* e sistemas de governação baseados no controle da justiça terrena pelas mãos da realeza (Rebelo, 1983, p.23-39). Entre os cronistas, a influência de Romano pode ser notada se levarmos em consideração que Fernão Lopes compilou trechos do *Regimento de príncipes*, de tal modo que a descrição da virtude da justiça no prólogo da *Crónica de D. Pedro* pode ser vista como uma reafirmação de pontos já discutidos anteriormente por este filósofo. Nas palavras de Romano (apud Kritsch, 2002, p.399), "é tarefa do poder terreno fazer justiça sobre as coisas temporais para que ninguém prejudique ninguém, tanto no corpo como nas coisas [...]". E é justamente nesse sentido de justiça como mecanismo capaz de garantir a segurança e a governabilidade do reino que Lopes retoma Romano para discriminar as funções que competem aos governantes. Vejamos como o cronista Fernão Lopes explica e fornece exemplos da importância dessa virtude.

Tratando-se da justiça, no prólogo da *Crónica de D. Pedro*, o cronista Fernão Lopes (1987, p.4), ressalta que "a virtude da justiça é necessária ao povo, mas muito mais ao rei, já que ela investe os monarcas de virtude corporal e mais ainda de espiritual". Assim, tornando-se um rei justo, segundo Lopes, ele passa a representar, nos moldes de Egídio

---
13 Cf. Matosso, 1985a, p.166-77.
14 Cf. Matosso, 2000, p.166.

Romano, um modelo de virtude, beleza de espírito e de perfeição de bondade. No elogio às práticas de D. Pedro por Fernão Lopes, merece igualmente destaque o cuidado com essa virtude. O cronista o descreve como governante que "amava muito fazer justiça com direito" (ibidem, p.8), uma vez que andava pelo reino mantendo suas leis. Fernão Lopes relata um caso em que um escudeiro veio a namorar a casada Catarina Tosse. Seu desonesto amor fez D. Pedro punir esse "grande monteiro e cavalgador" (ibidem, p.39), castrando-o, pois esse monarca não poderia deixar esse homem corromper a moral da Corte. Embora o escudeiro fosse amigo do rei, nada impediu que ele condenasse esse adultério. Depois, o monarca "mandou e pôs em lei que qualquer casado que com barregã vivesse ou a tivesse dentro de sua casa, se fosse fidalgo ou vassalo" (ibidem, p.25), seria submetido a severas penas. Para Lopes, a esse propósito, houve uma iniciativa do poder régio no sentido de convencer os cortesãos a se preocuparem com o seu dia a dia, principalmente com seus valores e com o perigo das atitudes desonrosas (Andrade; Teixeira; Magalhães, 1978). Grosso modo, a manutenção de leis era, sobretudo, para validar normas, garantir a segurança dos povos e a conservação de costumes que possibilitassem aos homens da Corte uma convivência tranquila e harmoniosa. Mas essa preocupação de comentar a virtude da justiça na vida dos governantes está longe de ser uma peculiaridade só das crônicas de Lopes.

O cronista Rui de Pina (1977, p.221), por sua vez, atesta que o monarca D. Dinis teve a justiça como "seu primeiro intento", cuidando das punições, castigando ladrões e malfeitores, e "foi príncipe de bom saber, porque amou a justiça sobre todas as coisas [...]" (ibidem, p.222). Em outra crônica, esse mesmo cronista anuncia que o rei D. Afonso IV reinou com toda a honestidade, consciência e justiça, pois ele, "com muita diligência" (ibidem, p.335), também prendeu ladrões e aplicou a lei. Além disso, esse mesmo rei, "por serviço de Deus e para boa e justa governança de seus povos e vassalos, fez muitas e boas leis e ordenanças" (ibidem, p.336), as quais mandou sempre muito bem guardar. Surge, a propósito, nesse período, uma preocupação maior em regular as leis em relação à Corte anterior, tanto que o cronista Rui de Pina chama a atenção para a feitura das *Ordenações afonsinas*, código de leis e princípios morais, e, mais ainda, para a severidade com que o cumprimento dessas leis teria no reino (Caetano, 1992, p.536). A atenção do cronista está voltada ao zelo dos governantes, que dinamizaram a administração por meio da organização da justiça. Pode-se dizer, em outras palavras, que a intenção do cronista Pina, como de seus congêneres, é mostrar o correto cumprimento do "ofício de rei",[15] isto é, o cronista julgava ser a obrigação do monarca praticar as leis, medida que deveria se tornar recorrente no governo dos príncipes,[16] caso contrário, qualquer governante perderia seu carisma, ficando vulnerável e incapacitado para exercitar qualquer função administrativa. É assim que, aos olhos do cronista, os reis transformaram-se em verdadeiros mantenedores da moral e da ordem na Corte avisina, cuidando para que a harmonia prevalecesse entre seus súditos.

Para finalizar a discussão acerca da justiça, é preciso analisar, ainda, como essa virtude também era importante aos outros homens e não só ao rei. Não é de espantar que o cronista Zurara (1915, p.157) anuncie que havia mortes "dignas de honra", ou seja, quando o homem morresse em defesa de suas terras, de seu reino e principalmente da fé, fosse quem fosse a pessoa, mas, desde que entendesse o verdadeiro significado da justiça. Zurara recorda essa virtude, anunciando que ela seria "a primeira virtude e a principal de todas, a qual segundo diz Sêneca é tal virtude que não tão somente pertence àqueles que hão de julgar, mas ainda a cada uma criatura razoável para julgar a si mesmo" (ibidem, p.141). Desse modo, segundo Zurara, a virtude da justiça deveria ser levada a sério por todos que quisessem aprimorar suas próprias atitudes, julgando os próprios erros para aprender a se tornar virtuoso. Não é por menos também que Fernão Lopes (1987, p.3) esclarece logo no início do prólogo da *Crónica de D. Pedro* que a justiça serve para "os bons viverem em paz", pois essa virtude, aos olhos dos cronistas crúzios e régios, estava relacionada com a formação de uma disciplina comum aos homens, uma regra que ordenasse e corrigisse falhas e desvirtuamentos.

---

15 Cf. Ventura, 1997, p.30-5.
16 Cf. Soria, 1986, p.712.

Após a justiça, a virtude mais ressaltada pelos cronistas é a temperança. Essa virtude também possui a peculiaridade de se manifestar em diferentes situações da vida de grande nobres, como na vida sexual e na alimentação, principalmente, tornando-se um dos principais valores descritos pelos cronistas. Era ela tomada como valor ideal para um verdadeiro monge, por isso, os escritos de Santa Cruz propõem que a temperança ou a moderação seja um dos nortes para traçar a imagem do governante e do cavaleiro perfeitos. Segundo as *Crónicas breves* (1969, p.29), Afonso Henriques "foi na mancebia muito bravo e esquivo, mas depois se transformou em um cavaleiro muito manso, mesurado e bom cristão, fazendo muito serviço a Deus [...]". Os crúzios, visando à valorização de Afonso Henrique, contrapuseram a sua juventude desregrada à etapa posterior de sua vida, na qual esse monarca pode dar provas de que estava mudado, entendendo principalmente a importância de manter bons hábitos e costumes, ou seja, os cronistas monásticos afirmam que Afonso Henriques tomou consciência da necessidade de ser um homem mesurado e temperado no momento em que assumiu a difícil tarefa de gerir o recente reino português; associam, portanto, a responsabilidade com a administração do reino e a necessidade de uma postura reta de cavaleiro.

Os cronistas régios estavam em sintonia quanto a esse dever de fixar certos padrões para os hábitos e costumes régios em que o equilíbrio fosse uma meta. Rui de Pina (1977, p.790), por exemplo, descreve o rei Afonso V como homem "regrado [...] e, sobretudo, muito continente", fazendo referência a princípios de uma conduta austera, já propostos e defendidos pelos monges crúzios ao longo das referidas *Crónicas breves*. Já o cronista Gomes Eanes de Zurara (1969, p.29), na *Crónica da tomada de Ceuta*, para fundamentar sua concepção de temperança, menciona principalmente Santo Agostinho, anunciando a recomendação desse pensador de que "cada um tem que ter temperança em seu jejum e oração para que fique livre e possa praticar outras virtudes". É nessa perspectiva que a prática da temperança surge associada ao combate da inatividade e do vício, por se acreditar que o ócio também levaria à corrupção do corpo.[17] Talvez essa fosse a virtude que mais aproximava o ritmo de vida dos monges do estilo de vida proposto aos homens da Corte. A Regra de Santo Agostinho e a Regra de São Bento chamaram a atenção para a temperança como reguladora dos excessos na vida dos monges. Já Santo Agostinho (2003, p.11) aconselhava que se controlasse "a carne com jejuns e abstinências no comer e no beber", conforme a saúde permitisse.

Pode-se mesmo dizer que a produção cultural dos mosteiros foi portadora e intermediária de um conjunto de técnicas fundadas em um modelo de virtude ascético-monástico. Mais precisamente, os monges entendiam que, para alcançar a Deus, era necessário primeiro conhecer-se a si mesmo, praticando, principalmente, a abstinência e a temperança com a finalidade de se eliminar da vida as tentações mundanas.[18] Esse propósito de vida austera, como veremos melhor adiante, ajudou a edificar não só a sociedade monástica, pois os letrados de Corte também procuraram aprender, com esses mesmos modelos inspiradores, formas e condutas para o autocontrole do corpo, tomando como verdade o pressuposto de que o grande nobre necessitaria seguir passo a passo os compromissos de uma vida regrada em todas as suas esferas; um compromisso assumido consigo, mas, sobretudo, com o seu grupo social. Como foi antecipado no capítulo anterior, as crônicas régias procuraram conduzir grandes nobres, principalmente os cavaleiros, a pensar na saúde de seu corpo, enfatizando o peso de uma dietética dos prazeres como mecanismo regulador da convivência social na Corte.

Nos séculos XIV e XV, aos olhos dos cronistas, pequenos detalhes da vida do cortesão foram fundamentais para moldar uma figura bem delimitada do bom cavaleiro. Este era reconhecido por atitudes bem específicas, inclusive as relacionadas à sua alimentação. Diversas referências na documentação da época mostram que certos alimentos eram considerados próprios para o consumo de um homem de Corte e outros eram tomados como alimentos a serem evitados. O cronista

---

17 Cf. Schmitt, 2006.
18 Cf. Foucault, 2006, p.311.

Rui de Pina (1997, p.771), na *Crónica de D. Afonso V*, por exemplo, chega a mencionar a falta de pescado e carne, alimentos que se tornaram comuns entre os cavaleiros cortesãos e que eram lembrados em várias outras crônicas como a base alimentar dessa Corte. De modo geral, as refeições na Corte se dividiam em almoço, jantar e ceia, sendo o jantar uma refeição abundante e completa (Marques, O., 1980, p.102). Em outras Cortes medievais, a preocupação com a alimentação e os banquetes fazia parte de uma higiene alimentar, como defendeu, no século XV, o cronista Battista Platina em uma de suas crônicas, ao propor os benefícios que o homem poderia adquirir com uma alimentação saudável.[19] Esse letrado é o autor de várias obras sobre a história dos papas, a história da vila de Mantova e, entre sua produção, destaca-se principalmente aquele que acabou sendo seu primeiro trabalho publicado, o *De honesta voluptare* (1470), obra que, como as posteriores, conciliava uma reflexão dietética com receitas gastronômicas.

O cronista Pina assegura, por sua vez, que a refeição ideal era a ponderada, tanto que ele valoriza os momentos de jejuns, alternados com dias de festas, nos quais se comia carne, pão e se bebia vinho. Todavia, para além dessas regras, a principal preocupação desses homens devia ser o equilíbrio alimentar entre os períodos do dia e, mais do que isso, o controle da quantidade de alimento em cada uma dessas refeições. Aliás, embora essa preocupação em regular formas de alimentação não seja novidade no século XV, em Portugal, no âmbito de Corte, foi apenas na Corte de Avis que se procurou montar, de modo mais ordenado, um conjunto de regras sobre esse assunto. Já anteriormente, no século XIV, no ambiente cortês, essa preocupação com o corpo, em Portugal, ou era pouco cogitada ou estava submersa em outras discussões, mesmo tendo-se uma intenção semelhante de controlar o consumo de alimentos. A *Pragmática de 1340* (in Marques, O., 1980), por exemplo, procurou, sobretudo, controlar os gastos do reino a partir de um refreamento da quantidade de alimento consumido. O preâmbulo do documento direciona o texto a todos os

---

19 Cf. Flandrin, 1992.

homens, "porque fizeram e fazem maiores despesas que poderiam fazer em comer e em vestir e em outras coisas" (ibidem, p.40). As crônicas, bem como o *Leal conselheiro* de D. Duarte, ao contrário, inseriram suas sugestões sobre o controle alimentar em uma lógica diferente, que não se circunscrevia a uma simples dieta, pois o objetivo de seus conselhos era combater uma crise de valores que ele via em sua época e voltava-se, primeiramente, para um controle alimentar regulado pela noção de equilíbrio: condição fundamental para combater os males oriundos de uma má refeição. Deve-se entender, com isso, que a maneira de viver defendida como correta pelos cortesãos estava em conformidade com um estilo de vida em que, se o cavaleiro comesse e bebesse muito, sucumbiria sem dúvida, portanto, a única forma de preservar a saúde do corpo era alimentando-se ponderadamente. No *Livro dos ofícios*, trasladada para o português pelo irmão de D. Duarte também no século XV, vem afirmado que "a saúde se governa por conhecimento da disposição do seu corpo". E que, também, "deve-se ser temperante em comer, guardando o bom estado do corpo" (Cícero, 1948, p.146). Em outras palavras, o interesse em traçar limites para a alimentação era compatível com um estilo de vida moderado. Nesse sentido, a preocupação com a alimentação foi fundamental na modelação de uma moral de Corte, tendo sido a dieta alimentar um tema recorrente nos escritos cronísticos para mostrar os principais cuidados que o nobre deveria ter. É válido ressaltar que, antes da ascensão de Avis, foi nos mosteiros que se levantou de modo mais recorrente essa preocupação de corrigir problemas corporais por meio do controle alimentar.

Além do equilíbrio alimentar, Santo Agostinho ressaltava o potencial da castidade para inibir os impulsos inconvenientes dos desejos sexuais. É de se sublinhar que a castidade foi uma prática exaltada como meio para combater os pecados do corpo, isto é, uma saída que os monges encontraram para se proteger dos vícios da luxúria e dos deslizes da carne, pois Santo Agostinho (2003, p.11) já havia advertido a seus monges que, "mesmo que vossos olhos vejam alguma mulher, não deveis fixar-vos em nenhuma". Cientes da importância da vida casta, os monges crúzios procuraram assinalar em suas obras exemplos de pessoas louváveis porque se abstiveram do sexo. Por exemplo, em uma hagiografia de Santa Cruz contemporânea à escrita das *Crónicas breves*, D. Telo é definido como "justo e piedoso, com muita misericórdia. Casto no corpo, e na alma muito limpo. Era seguro de humildade. Era cheio de muita sabedoria" (in Pimenta, 1948, p.78). E aquele que influenciou diretamente a concepção de pecado da Corte de Avis,[20] o confessor Martin Perez, escreveu, como já vimos, um manual considerado ideal para a repressão da luxúria, dos deslizes da carne (Perez, 2005, p.24-5).

Santo Agostinho já havia tratado desse tema na obra *Das coisas boas do casamento*, na qual ele defendeu a procriação como a única finalidade da cópula carnal. Posteriormente, no século XIV, a cópula gerou várias discussões entre os teólogos medievais,[21] parte dos quais admitiam que o casamento seria sacramentado com o sexo, outros preferiam a tese de que a união de um homem e uma mulher iria além do contato físico, pois o sacramento oficializava por si só o matrimônio (Toxé, 2000, p.124-33). Todavia, o que importa afirmar é que a disciplina monástica contribuiu para que os leigos aprendessem que a virgindade, a castidade e a abstinência das relações sexuais eram práticas virtuosas e saudáveis para o corpo. Essa intervenção eclesiástica na vida conjugal fez com que os próprios homens de Corte admitissem o potencial da moderação e a da abstinência do sexo para manter o corpo a salvo de tentações e do pecado. As crônicas estavam, pois, em sintonia com os valores do manual de Martin Perez e com outras obras que trataram com igual intensidade do controle da carne.[22]

Nas *Crónicas breves* (1969, p.24), os monges crúzios fazem referência à filha do rei Afonso de Castela justamente por ter sido sempre virgem, ou seja, ela ocupa um lugar de destaque na trama porque "amava a virgindade". Já as crônicas da Torre do Tombo, por sua vez, propõem um modelo de vida temperado como condição para o ideal de homem casto. Segundo Fernão Lopes, D. João I foi um exemplo de pureza, não sendo de nenhuma mulher a não a ser a sua. Ao longo

---

20 Cf. Baubeta, 1995, p.120.
21 Cf. Brook, 1989, p.57-8.
22 Sobre a relação memória, temperança e castidade, ver: Jerez, 2007, p.35.

da escrita dos cronistas régios, pode-se considerar que o filho de D. João I que mais se assemelha ao pai é D. Henrique, pelo fato de que, segundo Zurara (1973, p.22), "luxúria nem avareza nunca tiveram espaço no peito" do infante; homem "temperado no primeiro auto, passou toda a sua vida em limpa castidade [...]" (ibidem, p.22). A abstinência, a pureza e a castidade representavam a vitória de si mesmo sobre seus próprios males, e Zurara (ibidem, p.38) assegura que os desejos carnais e outros vícios corrompem o homem, por isso D. Henrique era exemplar, pois esteve longe de se corromper, por levar uma vida casta, própria dos homens da Ordem de Cristo — regida pelo infante ao longo de anos. De igual modo, o cronista Rui de Pina (1977, p.753) descreve, na *Crónica de D. Afonso V*, o infante D. Pedro como "muito temperado em todos os atos da carne. Nunca se soube ter com outra mulher carnal afeição, salvo com sua própria, que legitimamente o recebeu e com quem ainda usava de grande temperança [...]". Ou seja, só o fato de ser fiel à sua esposa não era o suficiente, pois o infante soube dar provas de sua temperança ao moderar inclusive as relações sexuais no dia a dia de seu casamento.

Ainda no que diz respeito à temperança e à castidade, Zurara (1915, p.141) menciona a rainha D. Felipa como uma pessoa que conseguiu aplicar as principais virtudes em sua vida, pois "a virtude da temperança foi muito louvada nesta senhora, porque em todas as coisas achamos que viveu temperadamente [...]. E seu comer não era por deleite, mas somente para suster a vida [...]; amava muito a venerada castidade [...]". Na *Crónica de D. Duarte de Meneses*, o mesmo cronista Zurara (1978, p.262) chama a atenção para a virgindade do cavaleiro Aires da Silva, o qual morreu em combate e foi "achado virgem", tornando-se um mártir bem-aventurado. Por outro lado, na *Crónica de D. Pedro de Meneses*, Zurara (1997, p.111) descreve o conde D. Pedro de Meneses como enfermo, por ser obeso e não temperar as suas relações com as mulheres. Essa ideia de que a falta de temperança era um grave problema e, por isso, necessitava de atenção também é motivo de reflexão por parte de D. Duarte (1998, p.299-301) no *Leal conselheiro*, obra na qual o monarca considera a castidade o principal recurso para conter os males do corpo. Diante disso, pode-se dizer que as crônicas partilharam uma opinião acerca do sexo e da castidade que era corrente na Corte.[23] Além da recomendável postura casta, os cronistas, em contrapartida, também comentam as práticas opostas, isto é, os pecados do abuso da carne com igual finalidade pedagógica, porém, pela negativa. Na *Crónica de D. Dinis*, por exemplo, Rui de Pina (1977, p.234) anuncia que o monarca D. Dinis possuía filhos bastardos,

> [...] os quais teve vencido pela soberba deleitação de sua própria carne, com que, afastando-se da Rainha sua mulher, não lhe guardando a inteira lei do matrimônio, seguia por induzimentos falsos e maus; ele se inclinava mais por sua vontade do que por sua dignidade real [...]; o rei se deu a esses apetites ilícitos [...].

Assim, D. Dinis, embora fosse um modelo de governante sábio, cometeu certos deslizes ao longo de sua vida, tendo sido o principal, segundo Pina, trair a sua esposa. No entanto, esse monarca arrependeu-se a tempo, conseguindo privar-se de "todos esses defeitos" e retomado o "verdadeiro caminho até a sua morte seguir" (ibidem, p.235). Nessa mesma crônica, em outra altura, Rui de Pina (ibidem, p.224) também comenta os maus hábitos da família da rainha D. Isabel, pois seu pai D. Pedro de Aragão, "por sua natural condição ou por seu vício, era muito dado às mulheres estranhas e muito pouco à rainha sua mulher". Com essa referência, o cronista visa mais do que condená-lo, antes defende os méritos da vida casta, moderada e temperante de alguns monarcas. Em suma, o ideal de virtude era a temperança, isto é, nem o excesso nem a falta, mas o comedimento em todas as atividades, como, por exemplo, a alimentação e o apetite sexual.

Essa discussão acerca da justiça e da temperança foi aqui lançada porque essas virtudes são também as que vão regular a guerra e a paz nesses tempos, os dois polos fundamentais a partir dos quais os cronistas medievais organizaram sua construção do passado. Estes, assim como os seus contemporâneos, exploram o potencial dessas virtudes para estabelecer regras para as ações bélicas ou pacíficas.

---

23 Acerca da vida sexual dos reis portugueses, ver: Braga, 2004, p.13-45.

Da guerra e da paz

As regras de controle dos referidos eixos de ordenação do passado pelos cronistas, da guerra e da paz, começavam pela proposição de que o excesso de guerra sem justificativa legal simbolizava uma atitude destemperada e que violava do mesmo modo os preceitos da justiça. Santa Cruz e a Corte de Avis partilhavam da crença de que a sociedade ideal era justa quando sabia equilibrar todas as suas atividades ora para atender a paz, ora para atender a guerra. Para explorarmos melhor esse aspecto, vejamos primeiramente um pouco acerca do sentimento de cruzada espiritual e das obrigações e dos sentimentos de dever que levaram essa sociedade a guerrear contra povos de outros credos. De saída, vejamos como os cronistas crúzios foram influenciados por Santo Agostinho no modo de pensar a guerra a partir de uma oposição de valores entre o Bem e o Mal.

Vale recordar que Santo Agostinho, à medida que percebia como a história não passava de uma longa repetição das mesmas aspirações, causas e efeitos, teve intenção de mapear as regras capazes de ordenar o próprio curso das ações humanas, propondo que todo acontecimento possuía um sentido além de si mesmo, fundado no pressuposto de que Deus encaminhou a vida humana para o Juízo Final e, em virtude disso, era possível prever as variantes do movimento histórico. A partir dessa ideia, Santo Agostinho mostrou que é possível entender o motor das causalidades observando atentamente o curso dos eventos, uma vez que tudo o que ocorreu no passado poderia se repetir nos tempos vindouros. Retomando as obras desse filósofo, os monges crúzios aprenderam a enxergar princípios trans-históricos, ou seja, constantes na configuração da história desde a criação do mundo. E a principal constante prevista, ao longo dos tempos, era o retorno de supostos anticristos.[24] Segundo Santo Agostinho (1990, p.456):

[...] o Cristo não virá julgar os vivos e os mortos, se antes o anticristo, seu inimigo, não vier seduzir os mortos na alma, apesar de essa sedução

---

24 Cf. Orcástegui; Sarasa, 1991, p.20-2.

pertencer ao oculto juízo de Deus. Sua presença manifestar-se-á com o poder de satanás, como diz o Apóstolo, com toda a sorte de mil milagres, de sinais e de prodígios falsos, para seduzir os que devem parecer. Então satanás será solto, e por intermédio do anticristo, porá em jogo o seu poder, operando maravilhas, é verdade, porém enganosas.

Atentos aos sinais indicativos da vinda do Anticristo, os anais e as crônicas do século XIV assimilaram princípios de um pensamento anterior que fazia de pares opostos – justo/injusto, puro/impuro e fiel/infiel – as balizas da compreensão dos eventos históricos.[25] Desse modo, as obras de Santo Agostinho ensinaram esses monges a perceber que o curso da história seria uma longa batalha entre o Bem e o Mal. Nessa disputa, a derrota do impuro, do infiel e do pecado condicionaria a vitória de Deus no reino dos homens. Santa Cruz fundamentou o seu fazer cronístico nessa lógica para explicar a vitória dos portugueses diante das incursões mouriscas, pois Afonso Henriques e seus sucessores foram alinhados, nas *Crónicas breves*, ao lado do Bem, ou seja, foram figurados como o braço de Deus em solo português. Em outras palavras, as obras de Agostinho ajudaram os cronistas crúzios a interpretarem a guerra como legítima desde que fosse para conter as forças dos impuros mouros. Imbuídos de tal concepção de história, os cronistas monásticos, logo depois de apresentarem os reis portugueses como uma linhagem de grandes protetores do reino, de seus vassalos e da própria clerezia, alteraram a condição dos inúmeros cavaleiros cristãos que conviviam com esses monarcas,[26] entendendo que esses guerreiros poderiam tornar-se santos da Igreja por participarem das guerras mouriscas.[27] Nesse sentido, aos olhos dos cronistas, a guerra contra os mouros simbolizou uma cruzada espiritual, na qual os cavaleiros alcançavam a dignidade de mártires quando ajudavam a confirmar a superioridade do Bem diante dos impuros mouros.[28] Pode-se considerar, pois, diante do que foi dito, que, no século XIV,

---

25 Cf. Koselleck, 2006, p.127.
26 Cf. Jerez, 2007, p.13-5.
27 Cf. Saraiva, 1991, p.19-29.
28 Cf. Matosso, 1983, p.113.

Santa Cruz levou a cabo um processo de revigoramento do princípio de cruzada espiritual.[29]

Nessas crônicas e em outros escritos da época, nota-se uma incursão rumo à defesa da guerra santa. O frei Álvaro Pais (apud Amado, 1994, p.213) teceu, por exemplo, a seguinte consideração sobre a guerra de Reconquista: "[...] os ímpios sarracenos são inimigos mais destruidores das almas que dos corpos que matam, porque tentam e tentarão, com todas as forças, destruir a fé de Cristo desde o tempo de Maomé". Nessas palavras, Pais anuncia o porquê da guerra com os mouros ser legítima e válida, já que, para ele, os sarracenos destruíram a fé de Cristo, ofendendo os únicos filhos dignos de Deus.[30] E foram os grandes cavaleiros, aos olhos desse religioso e dos cronistas, os protagonistas dessa cruzada, isto é, os responsáveis por conduzir a referida cruzada rumo à formação de um reino mais puro. Muitos são os indicativos, pois, acerca do lugar do cavaleiro nessa sociedade, o que nos leva a refletir sobre a guerra a partir da consolidação das funções sociais dessa personagem.[31] Vejamos, aos poucos, como essas personagens tornam-se relevantes ao se relatar histórias acerca da guerra de Reconquista.

Embora desde os primeiros tempos da fundação de Santa Cruz já se afirmasse essa ideia de cruzada espiritual, é no século XIV que os cronistas conseguiram revigorá-la, e o fizeram principalmente ao tomarem os cavaleiros como o principal alvo da trama histórica. Antes dessa iniciativa, esses grandes nobres eram mencionados apenas brevemente nos manuscritos do mosteiro, já que, até o século XIII, as crônicas pretendiam assinalar, principalmente, assuntos exclusivos da casa ou temas que dissessem respeito às datas festivas, aos acontecimentos religiosos e às grandes batalhas travadas em solo português (Rucquoi, 1995, p.143). Mas, no século seguinte, mais do que tratar da guerra em si, os crúzios buscaram explorar as virtudes dos cavaleiros cristãos

---

29 Cf. Dias, De como o mosteiro de S. Vicente foi refundado. In: Ribeiro; Madureira, 1997, p.142.
30 Cf. Schmitt, 1999, p.123.
31 Vale recordar que, para Adeline Rucquoi (1995, p.215-16), o processo de Reconquista tornou-se um mito capaz de unificar um sentimento de identidade entre os cavaleiros e príncipes da Península Hispânica.

no exercício de suas atividades guerreiras. Dito de outro modo, essa mudança do olhar sobre o cavaleiro atendia ao desejo dos crúzios de reescrever a sua própria história, ou seja, de identificar em suas novas crônicas o Bem por meio da imagem da cavalaria. A par disso, nota--se que não só as *Crónicas breves*, mas outras crônicas elaboradas em Santa Cruz no século XIV, tomaram os exemplos virtuosos dos monges militares de molde para esculpir o ideal de cavaleiro cristão, tendo em conta que foram as regras básicas das Ordens Militares, a saber, zelar pela cristandade, defender o reino dos mouros e ser um homem piedoso e devoto às palavras sagradas, que serviram de influência, ou melhor, de inspiração para a vida dos cavaleiros leigos.[32]

A *Crónica da fundação do mosteiro de São Vicente* estava em sintonia com as *Crónicas breves*. Provavelmente recompilada no *scriptorium* de Santa Cruz entre os séculos XIII e XIV, essa crônica também procurou apresentar exemplos de cavaleiros mártires no contexto dessa cruzada espiritual. Desde a sua primeira versão no século XII, conhecida por *Indiculum Fundationis Beati Sancti Vicentii* até essa última refundição, os crúzios organizaram a trama em torno da fundação da cidade de Lisboa, da Igreja de São Vicente e de Santa Maria dos Mártires. No entanto, como ilustrativo do que foi dito acima, a principal diferença dessa primeira versão em latim para a sua última compilação em língua vernácula dizia respeito, sobretudo, ao trato dado aos cavaleiros, pois os cronistas crúzios, no século XIV, viam esses nobres como protagonistas da guerra santa, isto é, como responsáveis pela construção das igrejas e da cidade de Lisboa (Dias, I., 1997, p.139-45); um posicionamento contrário, portanto, à primeira refundição, que deixou para segundo plano essas personagens. Em uma das passagens da *Crónica da fundação do mosteiro de São Vicente* (in Pimenta, 1948, p.145), o cronista anônimo anuncia que "um cavaleiro que tinha nome de Henrique, natural de uma vila chamada Boña [...] cavaleiro bom e bem fidalgo e abastado de todos os costumes foi morto na entrada da cidade, fazendo muito bem pelo seu corpo [...]" em uma luta contra os mouros. Logo em seguida, segundo essa mesma crônica, ele foi enterrado no mosteiro

---

32 Cf. Flori, 1998, p.89-119.

e os habitantes da região começaram a atribuir vários milagres a ele. Como os crúzios o chamavam de "santo cavaleiro" (ibidem, p.146), "o povo teve esse Henrique em grande reverência [...]" (ibidem, p.145). Mais à frente, os crúzios ressaltaram como a morte de vários cavaleiros tornou-se digna, uma vez que morreram por defender a santa fé católica dos inimigos, levando "o nome e voz da paixão do nosso senhor Jesus Cristo" a todos (ibidem, p.143).

A *Crónica de 1419* dialoga, como já foi antecipado, com essas crônicas monásticas, retomando a temática da cruzada espiritual para também exaltar os valores dos portugueses no momento em que combatiam em prol do reino. Em um trecho dessa crônica, o cronista anônimo comenta que um bispo chamava os cavaleiros a matar os mouros e destruir suas habitações e, em uma das missões chefiadas por esse bispo, os portugueses mataram em torno de trinta mil mouros (*Crónica de cinco reis de Portugal*, 1945, p.85). Pode-se considerar essa passagem como apenas um exemplo entre outros, pois, ao longo da *Crónica de 1419*, a guerra de Reconquista torna-se a temática mais recorrente, de tal modo que essa crônica compartilha com as *Crónicas breves* a mesma preocupação de descrever Portugal como um reino que surge e se consolida a partir dessa guerra. Grosso modo, a guerra de Reconquista serviu, sobretudo, para alimentar um sentimento de pertença do homem à sua terra, pois fixou uma identidade entre os portugueses e o reino.[33] Em decorrência dessas guerras historiadas pelos crúzios e cronistas de Corte, os grandes cavaleiros portugueses começaram a identificar as terras portuguesas como suas e, por isso, precisaram protegê-las de ameaças externas e de qualquer inimigo que procurasse invadi-las.[34]

No que diz respeito à guerra contra reinos cristãos vizinhos, que é um dos pontos centrais das crônicas régias e de deslocamento em relação às monásticas, seus parâmetros certamente que não poderiam ser os mesmos, mas também não eram de todo diferentes. Segundo o cronista Pina (1977, p.247), essa guerra não poderia ser iniciada pelo "mal

---

33 Cf. Rucquoi, 1995.
34 Cf. Ruiz, 1984, p.429-53.

hábito de vingança", a não ser em casos específicos em que a ameaça poderia levar à perda da soberania portuguesa do reino. O principal exemplo de guerra contra um reino vizinho é a guerra de 1383-1385, historiada, na *Crónica de D. João I*, pelo cronista Fernão Lopes. Nesse ínterim, houve dois partidos: o dos portugueses liderados pelo Mestre de Avis e o dos castelhanos representados por D. João I de Castela, o conde Andeiro e D. Leonor de Teles. Após a morte do monarca D. Fernando, o reino transformou-se em um palco de longas tensões entre esses dois partidos, e o lado do Mestre de Avis é descrito como uma espécie de promessa aos homens, que encerraria todos os problemas dinásticos e políticos. Sem entrar nos detalhes da descrição do cronista, basta ressaltar que, assim como os crúzios contrapuseram bem e mal para diferenciar os portugueses dos mouros, Lopes relaciona, como já vimos anteriormente, os castelhanos à volta do Anticristo, e a imagem do Mestre à vinda da salvação.[35] Além disso, as guerras contra os vizinhos eram curtas, realizadas para inibir principalmente as investidas de outros reis da península em terras portuguesas; ao contrário das guerras mouriscas, portanto, que se estenderam ao longo de mais de dois séculos. Também não podemos nos esquecer de ressaltar que essas guerras foram condenadas durante o governo dos reis de Avis. Se tinham sido frequentes entre os anos de 1383 e 1385, já no final do governo de D. João I deixaram de ser recorrentes, em razão da necessidade de se garantir a paz entre os homens de mesma fé e credo, como veremos melhor adiante.

Mas nem só de conflitos com vizinhos trataram os cronistas régios avisinos. Enquanto os crúzios historiaram a expansão da fé cristã em Portugal, ao longo dos séculos XIII e XIV, os cronistas régios, além de trabalharem com esse período, concentraram-se também na expansão da fé para África. Mas para relatar as incursões portuguesas nesse outro continente, os cronistas Gomes Eanes de Zurara e Rui de Pina partiram de um pressuposto já comum entre os cronistas de Santa Cruz: de que havia uma sociedade ideal, representativa do bem

---

35 Cf. Rebelo, L. S. Fernão Lopes, a Sétima Idade e os príncipes de Avis. In: Gil; Macedo, 1998.

e da pureza humana, preponderante em relação a quaisquer outras. E o dever dos governantes dessa sociedade seria de convencer outros povos da superioridade de seus costumes, cristianizando-os e, se fosse necessário, com o uso da força.[36] Daí que o papel da guerra, na África, possa ser visto como meio para os portugueses afirmarem seus valores e a moral da Corte. É necessário destacarmos que, aos olhos dos cronistas régios, a guerra na África teve como consequência a criação de um projeto para doutrinar as partes conquistadas desse continente, pois os cavaleiros levariam um modelo de sociedade para que os infiéis conhecessem o verdadeiro Deus. Nesse sentido, ao olharem para os africanos, esses cronistas retomaram uma tópica comum nos escritos da época: a necessidade de se converter outros povos para sua autossalvação. Em outras palavras, na medida em que os reis portugueses viram nessas novas terras a possibilidade de poder salvar outros povos, percebiam as boas consequências dessa missão para o próprio reino, pois estariam fazendo um bem e, em recompensa, receberiam a graça divina. Segundo o cronista Rui de Pina, D. João II mandou ao Congo "mestres de carpintaria e pedreiros para fazerem igrejas e outras casas de oração [...]" e também foram enviados "lavradores para amansarem bois e lhes ensinarem o proveito e cultivo da terra," mandaram também mulher para ensiná-los a fazer o pão. Dessa forma, os cavaleiros portugueses abriram espaço no Congo para que D. João II levasse todo um conhecimento útil na conversão dos negros africanos para um modo cristão de vida. Esse monarca, portanto, propôs ajudar o povo, na África, para que não somente aceitassem melhor a língua portuguesa, mas aprendessem e soubessem perfeitamente os artigos da fé, os preceitos e os mandamentos divinos (Pina, 1977, p.996). Na *Crónica de Guiné*, diz Zurara (1973, p.126) que,

[...] onde antes viviam em perdição das almas e dos corpos, vinham de toso receber o contrário: das almas, enquanto eram pagãs, sem claridade e sem luz de santa fé, e dos corpos, por viverem assim como bestas, sem alguma ordenança de criaturas razoáveis que eles não sabiam o que era pão nem

---

36 Cf. Dias, 1982, p.68-9.

vinho, nem cobertura de pano, nem alojamento de casa; e o que pior era, a grande ignorância que em eles havia, pela qual não haviam conhecimento de bem, *somente de viver em uma ociosidade bestial*. (grifos meus)

Pode-se entender, nessas palavras, outra necessidade de se fazer a guerra: se antes viviam em uma ociosidade bestial, agora passariam a ter uma vida regrada pelos ditames da religião cristã. Por essa tarefa, D. Henrique e seus cavaleiros foram responsáveis, conseguindo levar para os homens que habitavam a África, na guerra contra os mouros, a verdadeira forma de se viver bem.[37]

Essa ênfase sobre as diferenças dos povos africanos, a propósito, cumpre nas crônicas papel semelhante àquele desempenhado pelos mouros, pois as características dos povos de lá eram apresentadas como opostas às regras de conduta de Corte e por isso mesmo condenáveis. Zurara assusta-se com a vestimenta e a alimentação desses povos, vistas como contrárias às corretas. Por isso, se os modos de vida da Corte, por um lado, simbolizavam a perfeição, isto é, o ápice da temperança, por outro lado, a ociosidade bestial seria a total falta de ordem. Zurara (1973, p.83) acreditava que isso se devia à "maldição que depois do dilúvio Noé lançou sobre seu filho Cam" e toda a sua geração futura, inclusive sobre os negros descendentes dessa figura bíblica. No entanto, nem sempre os cronistas descreviam os africanos negros dessa forma. Pina, por exemplo, embora tenha exposto suas desconfianças em relação a essa gente, em algumas passagens soube admirar o comportamento de certos reis africanos. Ao comentar a conquista de São Jorge de Mina, na África, Rui de Pina (1977, p.896) descreve o encontro de um Capitão português com um rei dos negros, anunciando que esse rei, ao se aproximar do oficial, disse "Bere, bere, que na nossa língua quer dizer Paz, paz". Nesse encontro, tudo aconteceu da melhor forma possível, inclusive o rei havia limpado sua mão antes de cumprimentar os portugueses, atitude essa que o capitão reconheceu como cortês, própria dos reis e de pessoas importantes (ibidem, p.896). A propósito, o monarca D. João II enviou

---

37 Cf. Barreto, 1983, p.63-127.

esses homens a essa região africana justamente para assegurar a paz e amizade para sempre (ibidem, p.896). O rei africano recebeu muito bem os cavaleiros portugueses, segundo Pina, ficando admirado com a vestimenta do Capitão; tamanho foi o espanto, que perguntaram a ele se era irmão do monarca português, pois somente um parente próximo do rei, acreditaram eles, vestir-se-ia assim. Logo em seguida, o Capitão respondeu que ele era somente um pequeno vassalo de seu rei e que muitos em Portugal se vestiam daquele modo. Os africanos admiraram tanto os costumes dos portugueses que bateram "muitas palmas" (ibidem, p.897). Em suma, os cronistas procuraram exaltar os costumes dos portugueses ao contarem passagens como essas, em que narram como esses costumes se firmaram e teriam inclusive sido reconhecidos como superiores pelos próprios africanos, que se surpreenderam com a perfeição da vestimenta dos portugueses, mas especialmente com os modos de ser do cavaleiro português. Esses valores perpetuados pelos cronistas diziam respeito ao que era considerado mais justo, puro e verdadeiro na época, de forma que o cronista Gomes Eanes de Zurara (1915, p.192) anuncia que "bem aventurados somos nós, a quem Deus entre todos os de Espanha outorgou graça de cobrar terra nas partes de África [...]". Em nome de Deus, os grandes nobres portugueses faziam a guerra mais do que em defesa de suas vidas, eles combatiam para aumentar a grandeza do reino e para reafirmar os valores que a Corte de Avis apregoava como seus.

Embora construam um ideal de guerra e tomem a guerra como espaço privilegiado para refletir sobre as virtudes necessárias aos cavaleiros e inspiradoras da gente comum, os cronistas não deixam também de exaltar o seu oposto, a paz. E da mesma forma que fizeram da guerra espaço para refletir sobre as virtudes, fazem dos momentos de paz outro espaço de preferência para mostrar como deveriam ser as virtudes praticadas, pois os dois extremos eram onde melhor os homens poderiam mostrar seus valores na visão de cronistas que contam a história do poder, das suas metas e seus obstáculos. Entre as principais instruções dos cronistas havia uma preocupação especial em contrapor a guerra e a paz e especialmente em assinalar a obrigação de se fazer a guerra com temperança.

Não se pode deixar de dizer que, para os agostianos crúzios, a paz viria após a vitória sobre os ímpios mouros, isto é, sobre o próprio Anticristo na Terra. O Juízo Final compreendido por Agostinho como "a paz final tão louvada e celebrada como soberano bem" (Agostinho, 1990, p.422) seria, entre esses monges portugueses, o fim das guerras mouriscas, quando os portugueses alcançariam o bem eterno, pois, como esse santo já havia anunciado, na paz da felicidade e na felicidade da paz "consistirá o soberano bem" e um estado de eterna tranquilidade (ibidem, p.422). Nas *Crónicas breves*, os primeiros tempos de paz já eram vivenciados ao longo do governo de Sancho I, mas ainda eram uma espécie de promessa. Já nas crônicas régias, a paz consolida-se primeiro com o esperado fim das guerras contra os mouros e principalmente com o encerramento da guerra de 1383-1385. Dito de outro modo, enquanto os crúzios aguardavam a paz, os cronistas régios vivenciavam outros tempos, nos quais se comemorava a vitória portuguesa sobre os supostos anticristos – mouros e castelhanos – que desestabilizavam Portugal desde as guerras de Reconquista.

O cronista Gomes Eanes de Zurara (1915, p.14), discorrendo sobre a importância da paz e os principais motivos que levaram os portugueses a admirá-la, logo no começo da *Crónica da tomada de Ceuta*, menciona a persistência do monarca D. João I em querer "ver acabados os feitos que eram entre ele e o reino de Castela". Segundo Zurara, graças às decisões desse monarca, os portugueses podiam viver proveitosamente com as pessoas queridas e ver que o reino estava abastado de boas colheitas de uva, além de os navios estarem recheados de mercadorias nos portos (ibidem, p.15). Além disso, esse cronista lembra que já não ouviriam "os gemidos das mulheres", que não receberiam mais a notícia da morte de seus maridos e, quando andassem pelas praças de Portugal, não teriam nenhum temor de chegar "ao ajuntamento de nossos amigos", nem receariam "ouvir as desventuras de nossa terra" (ibidem, p.18). Tudo isso, sugere ele, porque D. João I soube se orientar tanto pelos "doutores da Santa Igreja quanto pelos filósofos estoicos e peripatéticos" (ibidem, p.14), aprendendo que firmar a paz não significava um sinal de fraqueza, ao contrário, mostrava como o rei era sábio e prudente para se preocupar com o melhor para o reino.[38] Em contrapartida, o irmão de D. João I, o monarca D. Fernando, não havia tomado anteriormente decisões sábias em alguns momentos de seu governo, deixando de averiguar as consequências de sua política expansionista perante outros reinos da península, como fizeram os seus sucessores (Lopes, 1979, p.77-8).

Esse mesmo Rui de Pina, na *Crónica de D. Afonso IV*, reservou vários capítulos para descrever a inimizade entre o rei D. Afonso IV de Portugal e o monarca D. Afonso de Castela. Em certa altura da descrição do cronista, há referências à intervenção papal, cujo objetivo visava encerrar o conflito, tanto que Pina (1977, p.410) menciona a seguinte carta do Papa:

> Bendito servo dos servos de Deus, ao muito amado em Cristo filho D. Afonso ilustre rei de Portugal, saúde e Apostólica benção. Tu muito amado filho com bom resguardo e diligência consideres a tua honra e proveito que pertence a ti. E nosso muito amado filho D. Afonso nobre rei de Castela haja segura paz e bom amor, certamente cremos que lançado de tua vontade e rancor e discórdia, tu por obra de seu teimoso estado, não dispõe teu Real coração para abraçar com o sossego da paz. *O dito rei, teu genro, tu com razão o deves haver por filho [...] quebradas as rédeas de boa amizade pela vontade de guerra [...] bem cremos que deverão, para terdes ambos a paz e sossego como cristãos, haver entre vós cuidados um com o outro e verdadeira amizade como entre pai e filho.* (grifos meus)

O Papa prossegue, anunciando que não há motivos para tanta discórdia, principalmente naquele momento no qual o reino de Portugal e de Castela possuíam infiéis como vizinhos, considerados inimigos em comum e por isso deveriam se unir e não entrar em discórdia. No entender do cronista, pode-se mesmo dizer que paz não era uma simples trégua ou um momento no qual os reinos interrompiam um conflito pensando em retomá-lo posteriormente, seria, pois, um momento de renúncia à guerra pelos grandes cavaleiros, ou melhor, um momento em que a guerra era negada em favor dos benefícios do seu contrário. Além disso, Pina propõe que, quando a guerra perdia sua licitude, se tornava o próprio Mal.

---

38 Sobre as consequência da expansão, ver: Barreto, 1989.

Era relevante para essa época discutir até que ponto se devia prosseguir com a uma guerra, por exemplo, o já referido Álvaro Pais (1994, p.173), citando Santo Agostinho, considera "a paz por vontade e a guerra por necessidade". A paz era e deveria ser, portanto, a finalidade da guerra, ou seja, o principal motivo, nesse período, para se encerrar um conflito bélico seria a vontade de se estabelecer um estado de extrema tranquilidade entre os povos. Vale recordar também que os monarcas D. João I e D. Duarte já haviam alertado o grande cavaleiro, em seus tratados, sobre suas obrigações e deveres próprios dos tempos de paz. Entre as vantagens decorrentes da quietude e da tranquilidade do século XV, estava a disponibilidade que o cavaleiro encontraria para se orientar, pelos conselhos de D. Duarte, sobre o regimento do estômago, por exemplo, e para outras recomendações que diziam respeito à saúde do corpo e da alma — disponibilidade essa que o cavaleiro não poderia alcançar antes, em razão de uma vida que era comprometida quase que exclusivamente com a guerra. Partindo da Política de Aristóteles, D. Duarte diz que não se deve escolher os moços guiados somente pelo espírito guerreador, porque isso mostra que esses "não são prudentes" (Duarte, 1998, p.206). Desse modo, no que diz respeito à importância da paz, as crônicas estavam em diálogo com outras obras elaboradas na Corte avisina.

A grande prioridade dessas obras no que diz respeito ao período de paz era definir cada ocupação apropriada aos homens de Corte, fosse no âmbito da família, da construção dos laços de fidelidade e das festas. A atenção a essas ocupações, entretanto, não ganhava o mesmo peso na escrita da história, por isso, cabe aqui examiná-las segundo seu grau de importância. A ordem familiar, por exemplo, encontrava-se em posição de destaque na narrativa dos cronistas crúzios e régios, pois foi considerada o cerne da organização social da Corte. Para tentarmos entender melhor a configuração da família, nessa época, merece um rápido destaque a identidade entre a estrutura familiar aristocrática e a monástica, pois, em ambas, a manutenção da ordem estava sob o jugo dos mais velhos, cujo poder seria o de controlar e ensinar aos outros membros da casa posturas e comportamentos. No caso dos mosteiros, a figura do abade correspondia ao pai espiritual da casa, o homem que tomava para si a responsabilidade de reger a família monástica, devendo observar de perto a vida do claustro. No que diz respeito à sociedade de Corte, o pai era aquele que cuidava da organização da sua casa, dos filhos e da mulher (Bohler, 2009, p.77). Desse modo, tal identidade estabeleceu-se na medida em que essas sociedades – monástica e laical – destinavam o poder da casa a um homem que deveria gerir seu espaço, sua moral e todo o sistema de abastecimento alimentar (ibidem, p.79). Com efeito, a sociedade de Corte soube preservar a função utilitária e pedagógica da imagem monástica de pai. Mas cabe aqui desdobrar um pouco como os cronistas monásticos e de Corte entendiam as funções paternas no seio da família régia.

As *Crónicas breves* deram uma especial atenção ao lugar do pai no seio familiar, confirmando o papel da figura paterna como a condutora da casa. Na última *Crónica breve*, o cronista descreveu um encontro do conde D. Henrique com seu filho Afonso Henriques, no qual o conde se esforça para convencer o seu primogênito a ser um homem virtuoso. Adiante, em outra altura da mesma crônica, de modo semelhante, Afonso Henriques orientou seu filho Sancho I anunciando:

> Filho meu toma do meu coração algum tanto, com que sejas valente e seja também companheiro para os fidalgos. E respeita os conselhos e faz com que tenham os seus direitos tanto os grandes como os pequenos. (*Crónicas breves*, 1969, p.66)

É notável a preocupação atribuída a Afonso Henriques em mostrar a D. Sancho a valentia e o companheirismo como os valores mais apropriados de um monarca responsável por todos os seus súditos. Em outra altura das *Crónicas breves* (ibidem, p.12), o monarca Afonso Henriques lembra seu filho D. Sancho I de fazer foros e leis, porque ele gozaria de momentos de paz que ele próprio não tinha tido em razão de seu governo comprometido com as guerras mouriscas. Grosso modo, pelo que se entende da relação pai e filho, pintada pelas *Crónicas breves*, os cronistas crúzios procuravam convencer que o pai deveria ensinar ao filho, sobretudo, a arte da governança, mostrando, a partir da experiência adquirida em seu próprio governo, os fundamentos de uma boa gestão.

Já no âmbito da Corte avisina, a figura paterna é, por vezes, referida pelo seu compromisso na formação moral de seus filhos e não apenas pelo seu papel de emitir conselheiros de ordem administrativa; por exemplo, na *Crónica de D. Pedro I*, o cronista Lopes relatou que partiu de D. Pedro a vontade de D. João, seu filho bastardo, tornar-se cavaleiro e religioso, por isso enviou-o ao mestre da Ordem de Cristo. Quando o mestre tomou o menino nos braços, D. Pedro logo o cingiu com sua espada e o tornou cavaleiro, dizendo que Deus acrescentaria em sua vida "honra em feitos de cavalaria, como dera aos seus avós" (Lopes, 1987, p.195). Aos olhos dos cronistas, era um dever do monarca se responsabilizar pela formação de seu próprio filho, sendo ele o primogênito ou não, legítimo ou ilegítimo, de modo que o fato de D. João não ser o sucessor direto ao trono não interferiu em sua formação no interior da Ordem de Avis.[39] A propósito, o cronista Lopes (1987, p.198) descreveu a cerimônia de entrada do príncipe nessa Ordem da seguinte forma:

> [...] o comendador-mor e outros disseram então que lhe tinham em grande mercê de lhes dar tão honrado senhor por seu mestre, e logo o dito Dom João foi chamado, e lhe foram tirados os vestidos sacrais e posto o hábito da Ordem de Avis. E como foi vestido, o comendador-mor e os outros beijaram a mão de seu mestre e Senhor". [...] E ali se criou até que veio o tempo que começou de florescer manhas e bondades e atos de cavalaria [...].

D. João I permaneceu em Avis até o tempo em que ele se tornou cavaleiro, sendo instruído, portanto, ao longo desse período, nos ditames dessa comunidade monástica, tendo tido clérigos-tutores como Fernando Soares e Vasco Perez, responsáveis pelo seu ensino (ibidem, p.197). Esse monarca e seus filhos foram homens religiosos, devotos e tementes a Deus, segundo contam os cronistas, tanto que a Ordem de Avis e a de Cristo acompanharam os passos da Corte portuguesa desde a sua fundação; ligação monástica que teria marcado profundamente a trajetória da dinastia de Avis aqui em questão.

---

39 Ver: Ventura, 1992.

Assim como seu pai, segundo o cronista Zurara, o infante D. Henrique tornou-se cavaleiro e serviu às Ordens militares. Os cronistas deixam claro que a criação dos infantes foi beneficiada pelo fato de Portugal passar por um longo período de paz, após a crise de 1383-1385. Em outras palavras, no entender de Zurara e de Lopes, a pausa em tantas guerras possibilitou ao monarca conseguir tempo para estar ao lado de seus filhos. O cronista Fernão Lopes (1977, p.307), na *Crónica de D. João I*, reserva um capítulo somente para comentar a vida dos filhos de D. João I, sublinhando que todos os "filhos em qualquer estado e condição que estejam devem obedecer sempre a seus pais, louvando muito os que assim fazem, já os pais teriam como mal qualquer desobediência que o filho por palavra fez contra eles [...]". Isso porque pouca diferença fazia se o filho fosse solteiro ou casado, o seu dever era prestar obediência ao seu pai. Esse cronista aponta os filhos de D. João I como exemplos e destaca que o seu respeito ao pai fez desses infantes homens de virtudes louváveis e admiráveis. Também acerca da relação entre pai e filho, o cronista Rui de Pina relata que o rei D. Afonso II foi, como seu pai, "em muitas coisas notáveis: em grandes feitos de armas [...] por seu corpo e braço assim o fez sempre bom e esforçado cavaleiro, que bem parece ser filho e neto do pai de que descendia [...]" (ibidem, p.83). O cronista relaciona, assim, as glórias e os próprios valores cavaleirescos de Afonso II à herança dos seus antepassados. Em outra crônica, o mesmo Pina (1977, p.751) elogia a formação do infante D. Afonso V, pois seu pai, enquanto estava vivo, o amou e cuidou para que tudo desse certo em sua vida, portanto, D. Duarte aparece para Afonso V como uma referência semelhante à que D. João I fôra para ele. Na *Crónica da tomada de Ceuta*, Zurara (1915, p.49) lembra que D. João I ficava feliz vendo seus filhos dispostos para "as coisas da honra, pelas quais conhecia o cumprimento de suas virtudes". Esse rei orgulhava-se de poder acompanhar o desenvolvimento dos infantes como cavaleiros honrados, bons monteiros e "ligeiros para correr e saltar, lançadores de barra, e desenvoltos nas armas para justar, assim para quaisquer outros atos que pertencem à cavalaria" (ibidem, p.49-50). Era assim que o monarca aproveitava a paz para ensinar aos seus filhos como agirem em uma possível guerra. Desse modo, o contentamento do monarca resultava do sucesso de seus filhos em desportos próprios para preparar o corpo de um grande cavaleiro, como a justa e o lançamento de barra. Os cronistas, por outro lado, também descreviam o descontentamento dos monarcas com seus filhos; por exemplo, na *Crónica de D. Dinis*, o cronista Rui de Pina (1977, p.289) comenta que "o infante andava posto em desobediência e com pouco acatamento do rei", ao ponto de D. Dinis não ver mais mostras de lealdade em seu próprio filho. Sem dúvida, o principal agravante nessa relação foi, sobretudo, a iniciativa do infante em acolher malfeitores, como Paio de Meira e João Coelho, homens que mataram gente da Corte régia. Ao longo do conflito entre esse monarca e seu próprio filho, a rainha D. Isabel acompanhou tudo de perto, ficando triste ao ver a proporção desse enfrentamento familiar (ibidem, p.296), mas, segundo o cronista, suas orações para que a concórdia voltasse trouxeram resultados positivos e a rainha pôde, enfim, presenciar, em Santarém, a reconciliação de seu marido com seu filho (ibidem, p.297). Em última instância, de uma ponta à outra, entre os séculos XIV e XV, os cronistas portugueses procuraram frisar a determinação dos reis em verem seus filhos armados cavaleiros.

Os cronistas chamam a atenção, no entanto, para os laços pessoais firmados na Corte, ao longo de um período de paz, não só entre pai/filho, mas também entre mãe/filhos e mulher/esposo. Na *Crónica da tomada de Ceuta*, o cronista Zurara (1915, p.130) anuncia que a rainha tomou a espada e disse as seguintes palavras ao infante D. Duarte:

> [...] meu filho, porque Deus vos quis escolher entre vossos irmãos para serdes herdeiro destes reinos e tivesse o regimento e justiça deles, a qual vos já o rei, vosso pai, tem encomendada, conhecendo vossas virtudes e bondades, tão compridamente como se já fosse vossa, eu vos dou esta espada, e vos encomendo que seja espada de justiça para regerdes os grandes e os pequenos destes reinos.

Nessa passagem, a mãe cumpre, na bênção ao filho, o papel reservado comumente ao pai, e mais, segundo o cronista Gomes Eanes de

Zurara, foi D. Felipa quem impulsionou primeiramente a formação cavaleiresca de D. Duarte. Em outro momento dessa mesma *Crónica de tomada de Ceuta*, referindo-se ao infante D. Henrique, a Rainha comenta que o seu amor por esse infante era uma obrigação natural, pois ela deveria amar os seus filhos em respeito ao amor que sentia por D. João e também em consideração à linhagem da qual D. Henrique descendia (ibidem, p.90).

O respeito, a propósito, de uma tal maneira tornou-se o alicerce da ordem familiar para os cronistas régios, pois eles, mais de uma vez, defendem que o grande nobre deveria estar igualmente atento aos filhos e à esposa. É interessante destacar que, nessa mesma crônica, Zurara menciona um conselho de D. Felipa semelhante aos ensinamentos de Afonso Henriques a D. Sancho referidos nas crônicas monásticas: o de que o rei deveria se preocupar igualmente com os grandes e os pequenos do reino (*Crónicas breves*, 1969, p.27). Assim, na casa de Avis, aos olhos dos cronistas, os príncipes foram exemplo de um comprometimento do pai em relação à sua esposa e aos seus filhos. Esse mesmo comprometimento para com a proteção da sua família, os cronistas comentam que deveriam os monarcas ter para com seus súditos e vassalos.[40]

É curioso observar que o respeito adquirido no interior da Corte em relação à figura do rei e, principalmente, ao estilo de vida por ele proposto fez com que os grandes nobres parecessem igualmente empenhados em seguir os mesmos padrões de conduta de Corte, inspirados pelo próprio monarca nos tempos de paz (Pina, 1977, p.790). Segundo os cronistas, esses padrões só puderam ser aplicados graças à fidelidade cobrada do cortesão em relação ao rei e à Corte fora de um período de guerra. Daí que a segunda principal ocupação desses homens na paz ou em um curto período de tréguas era fechar acordos e menagens para que na guerra os monarcas tivessem apoio e homens leais ao seu lado. Nas *Crónicas breves*, é de se destacar o esforço atribuído a Afonso Henriques em bem querer seus vassalos e os clérigos que habitavam no reino. Como fruto desse esforço, o

---

40 Cf. Beirante, 1984, p.12.

monarca pode ter ao seu lado grandes cavaleiros para o auxiliar na defesa do interior e das fronteiras do reino. Já para entender os laços de fidelidade na Corte avisina, pode-se mencionar um episódio da *Crónica de D. João II*. Logo no início dessa crônica, Rui de Pina (ibidem, p.904) anuncia que o duque de Viseu estava em Castelo Branco, "onde, com vontade, compilou e formou uma instrução muito desonesta, com capítulos muito falsos e muito difamatórios da vida, honra e estado do rei [...]".Como a falta de fidelidade, dentro dos valores da época, servia de base para desabilitar os homens a continuarem sendo membros da Corte, segundo Pina, a amizade entre o rei e o duque não impediu a recriminação da postura desse nobre e a perda da condição de cavaleiro do rei, já que ele difamava a própria Corte portuguesa em cartas ao rei de Castela.

Para evitar situações como essas, o rei D. João II, nas palavras do cronista, "mandou fazer um solene livro que, daí por diante, nunca de sua câmara saísse, contendo as menagens que todos os Alcaides naqueles tempos fizeram [...]" (ibidem, p.903). Segundo o cronista Rui de Pina, esse livro, com todas as menagens do reino, tornou-se importantíssimo, pois nele se encontravam os juramentos que os nobres fizeram por escrito ao rei, propondo defender o reino e jurando fidelidade ao monarca. É de se sublinhar que esses documentos contaram com a ajuda de letrados em sua confecção, ou seja, de homens que ajudaram a pôr em escrito as declarações dos nobres, pois o juramento ali no papel tinha mais autenticidade e, a partir dele, o monarca poderia depois cobrar dos nobres o cumprimento do juramento. Dito de outra forma, um escrivão da puridade fazia o texto do juramento e o nobre assinava, constituindo esses documentos em uma forma muito semelhante à que é mencionada por Pina (1977, p.901) em sua crônica:

> [...] muito alto, muito excelente e muito poderoso, meu verdadeiro e natural rei, e Senhor, eu vos faço preito e menagem por vosso Castelo e Fortaleza [...]. Vos acolhei no alto, e no baixo... de noite, e de dia, e em qualquer momento que for [...] farei guerra e manterei trégua e paz, segundo as suas ordens e vontades.

Cobrava-se do nobre cavaleiro, como se vê, atenção para com seu rei e seu reino, colocando-se à disposição em qualquer eventualidade. No geral, a partir do momento em que essas palavras eram juradas, a única coisa a ser feita era honrá-las, ou perder sua vida e a dignidade de cavaleiro do rei, assim como aconteceu com o duque de Viseu. Esse duque não foi cortês ao contrariar o seu juramento de fidelidade, mas sua atitude devia ser lembrada na crônica como um exemplo a não seguir, pois o erro também ensinava aos homens de Corte aquilo que era preciso evitar em vida.

Do mesmo modo, Zurara também foi um cronista atento aos laços de fidelidade para que fosse alicerçada uma boa relação entre um membro da casa de Avis e os cavaleiros do reino. Por isso, em certa altura da *Crónica de Guiné*, esse cronista ateve-se ao pedido de certos capitães para que Lançarote fosse feito cavaleiro do reino. A insistência desses homens tornava-se legítima, segundo ele, porque acreditavam piamente que esse nobre, de fato, era "bom criado" do infante D. Henrique. Daí a necessidade de o próprio rei fazer seus nobres cavaleiros. Em outro exemplo, assim como D. Pedro fez D. João cavaleiro, ele procurou ordenar outros cortesãos, pois era pelo consentimento do rei que o nobre poderia alcançar as dignidades da cavalaria. O cronista Fernão Lopes assinalou as três ocupações principais do monarca D. Pedro, segundo ele, "D. Pedro de Portugal gastava seu tempo, a saber, em fazer justiça e desembargos do reino, e em monte e caça [...] e em danças e festas [...]" (Lopes, 1987, p.61). Durante essa terceira ocupação, esse rei aproveitou para ordenar seus cavaleiros, pois fazia parte dos festejos o adubamento de grandes nobres, e foi em uma festividade que D. Pedro fez conde e armou cavaleiro "João Afonso Telo, irmão de Martin Afonso Telo, e fez lhe a mor honra em sua festa [...]" (ibidem, p.62), depois "foram armados outros cavaleiros [...]" (ibidem, p.63).

Da raiz desse comprometimento assumido entre o monarca e o seu cavaleiro, nos tempos de paz, aos olhos dos cronistas, surgiu uma valorização da amizade na Corte. A título ilustrativo, segundo a *III Crónica breve*, a relação entre D. Egas Monis e o monarca Afonso Henriques foi exemplar e serviu de parâmetro para outros nobres do reino.[41] Já o cronista Fernão Lopes (1987, p.46) anuncia que se devia "trabalhar para se renovar as boas amizades antigas" e acrescenta que "boa coisa é tomar amizades [...], dizendo que o amigo novo não é igual nem semelhante ao de longo tempo". Desse modo, tanto as *Crónicas breves* como as crónicas régias ressaltaram a importância da amizade e o peso dela para se equilibrar a vida entre os cortesãos.

A esses âmbitos da paz escolhidos pelos cronistas para traçar os ideais de conduta para os homens de Corte vem se juntar um outro em que, por sua visibilidade na história contada, igualmente os padrões de conduta poderiam ser mais bem ensinados: as festas. As festas e os banquetes eram momentos privilegiados nos quais os nobres exibiam os gestos e as posturas que definiam as especificidades do modo de ser do cortesão.

As festas abriram espaço para uma reflexão dos cronistas sobre as condutas dos nobres, pois nelas a família régia e seus convidados demonstravam a sua gentileza e postura. Na descrição do cronista Rui de Pina, as festas acabavam por ser um ambiente em que os grandes nobres demarcavam os seus gestos e confirmavam os valores cavaleirescos. Para ele e outros cronistas portugueses, as festas cumpriam um papel importante na vida da Corte, já que era nelas que os nobres se divertiam e celebravam a ordenação de um cavaleiro. Na *Crónica de D. João II*, Rui de Pina (1977, p.978) anuncia o seguinte:

[...] houve naquela noite antes da ceia e depois grandes festas e danças. Nessas ocasiões todas as coisas eram perfeitamente ordenadas. Todas as pessoas da corte e outros dançaram com muito prazer e alegria. E foram naquele dia duzentos homens nobres vestidos de roupas que roçagantes, muitas dessas roupas eram de ricos brocados, todas ricamente forradas e outras muitas de seda [...].

Nessa passagem, o cronista concentra-se na descrição do modo como os cortesãos aproveitaram a entrada de D. João II, em Évora, para realizar uma grande festa em sua homenagem. Desse festejo,

---

41 Cf. Saraiva, 1991, p.19.

Pina julgou importante destacar a organização do banquete e o modo como os convidados estavam bem-vestidos. Logo em seguida, após ter mencionado esse primeiro banquete, o cronista relata outro, realizado também em Évora pouco tempo depois, com a mesma finalidade desse anterior. Todavia, nesse último banquete, o cronista diz que houve muitas mais "gentilezas" (Pina, 1977, p.978). De fato, ao comparar os dois banquetes, a elegância e a gentileza dos nobres são destacadas como marcas daquelas noites, além do bom gosto das donzelas e seus vestidos muito bem ornados. Assim, entre os séculos XIV e XV, a importância dos grandes banquetes cresceu consideravelmente no cenário europeu. Os festejos tornaram-se símbolos da alegria dos cavaleiros, por serem o momento no qual o cortesão encontrava espaço para exibir, aos olhos de todos, suas virtudes e exercitar a cortesia, incluindo um modo especial de segurar os garfos, de levar o alimento à boca, de cumprimentar os amigos e de saudar o rei. A cortesia, pois, contribuía para a formação de uma nova sensibilidade, demandando delicadeza em relação ao que se comia e ao modo de se comer.[42] Nesse sentido, comer na frente de outras pessoas havia se transformado em um ritual em que os próprios convidados vigiavam-se uns aos outros, atentando para os modos do nobre à mesa e para o jeito de cada um se servir (Strong, 2004, p.90-4).

Os motivos que justificavam esses grandes festejos eram, principalmente, celebrar alguma vitória do rei ou de seus cavaleiros ou simplesmente mostrar a grandeza da Corte à vista de todos os convidados. Na realidade, no século XV, de várias formas, tentou-se educar ou até, pode-se dizer, admoestar o corpo, todavia, foi nos banquetes que isso ocorreu de um modo mais eficiente; daí a boa maneira à mesa ter sido um índice importante da vontade dos cortesãos de se firmarem por sua educação (Le Goff; Truong, 2006, p.133-8).

---

42 No entanto, esse refinamento fôra destinado a um grupo bem pequeno. Essa discriminação dos gestos funcionava apenas no relacionamento pessoal de um cortesão com outro de seu mesmo grupo, tendo os serviçais somente que saber servir. Elias, 1993 p.120-1.

Há inúmeros casos em que esses festejos serviam, do mesmo modo, para celebrar o casamento de um príncipe.[43] Por exemplo, na *Crónica de D. Afonso IV*, segundo Rui de Pina, para comemorar o casamento do infante D. Pedro com a infanta D. Constança de Castela, fizeram nas Cortes grandes festas e danças, tudo contagiado de alegria[44] e, ao fim da festa, o interesse era de que os homens de Corte firmassem uma rede de compromissos.[45] Em outra crônica, na *Crónica de D. Afonso V*, esse mesmo Pina (1977, p.761) chamou a atenção para o casamento da Imperatriz Dona Leonor, irmã do rei D. Afonso V, com o Imperador Frederico, destacando que, após a cerimônia, "houve festa por toda a noite", com banquetes e justas (ibidem, p.761). Para o referido Pina, na *Crónica de D. Afonso IV* e na *Crónica de D. João II*, as festas compunham um capítulo à parte do casamento dos príncipes, pois chamavam a atenção não só para o processo político que levou à negociação de ambas as famílias para que se firmasse o matrimônio, mas servindo como uma espécie de propaganda do próprio casamento no ambiente cortesão. Do mesmo modo, nas *Crónicas breves*, a cerimônia de casamento também era vista como a ocasião em que os nobres encontravam seus conhecidos e familiares. No entanto, essas crônicas monásticas tocam apenas sutilmente nessa matéria, enquanto os cronistas régios tecem inúmeras páginas descrevendo os hábitos e prazeres desses homens na hora de se celebrar a união matrimonial.

Em suma, os cronistas monásticos e de Corte, embora com ênfases diferenciadas, amparam suas narrativas em valores e virtudes semelhantes, especialmente na justiça e na temperança. E foi a partir da combinação dessas virtudes que a sociedade portuguesa pintada nos escritos cronísticos de Santa Cruz e da Corte avisina estruturou-se, equilibrando-se entre a guerra justa e momentos de paz. Vimos que, nos séculos XIV e XV, a produção cronística ganhou espaço na Corte justamente pelo seu potencial em ordenar a memória e em reunir em uma única obra um conjunto de exemplos sobre as verdadeiras

---

43 Cf. Marques, O., 1971, p.118-9.
44 Ibidem, p.377.
45 Cf. Gomes, 1995, p.303.

virtudes. Para tal, os cronistas régios contaram com a experiência do mosteiro de Santa Cruz, buscando em seus acervos fontes e materiais que possibilitassem uma descrição minuciosa da vida do reino. No entanto, mais do que servir de fonte, as *Crónicas breves* anteciparam o papel social das crônicas régias, proporcionando, já no fim do século XIV, uma escrita cronística voltada exclusivamente para as histórias de Portugal e preocupada com a formação moral de grandes nobres portugueses. Nesse sentido, da produção monástica à de Corte, as crônicas conseguiram cada vez mais ocupar um papel moral na vida dos cavaleiros e homens do reino de Portugal.

A dinastia de Avis começava, em 1418, a encomendar aos cronistas a escrita do passado de Portugal em uma tentativa de afirmar ainda mais o poder da monarquia e o lugar da Corte avisina no reino. Nesse momento, os reis procuraram manter ao seu lado um controle régio sobre a produção cronística, de modo que o controle sobre a escrita de crônicas saiu de Santa Cruz por uma intervenção monárquica. Os cronistas Fernão Lopes, Gomes Eanes de Zurara e Rui de Pina visaram a uma história mais detalhada em relação às *Crónicas breves*, no entanto, não escaparam do mesmo ponto de partida dos crúzios: fazer das crônicas um instrumento de moralização, preocupado com o regramento e a condição de vida dos homens do reino. Em outras palavras, se, por um lado, em Santa Cruz, esses textos já começaram a ser vistos como espelhos de virtude, por outro, na Corte, essa ideia de história como mestra da vida se consolida. Em linhas gerais, tanto para os cronistas régios como para os crúzios, a intenção era fazer das crônicas uma obra pedagógica e utilitária que pudesse amparar a instrução de homens do reino português, portanto, esses cronistas régios revigoraram e renovaram uma escrita já comum aos cronistas de Santa Cruz, dando ainda mais importância ao peso do passado na vida presente e vindoura como guia dos costumes e de perfeitas condutas.

Considerações finais

Entre as atividades desempenhadas pelo mosteiro de Santa Cruz de Coimbra no reino português ao longo do século XIV, chamaram a nossa atenção aquelas referentes aos serviços prestados pelo seu *scriptorium*. Ao analisarmos as obras do *scriptorium* desse mosteiro, confeccionadas no Trezentos, pudemos notar a intenção dos monges em fazer uso dessas fontes para exortar à prática das virtudes propostas na Regra, bem como para ensinar os modos de praticá-las corretamente. É válido observar que os monges, ao lerem esse livro, obtinham princípios básicos para o fortalecimento do corpo e da alma em seu cotidiano, praticando um conjunto de técnicas, cujo resultado esperado era principalmente o enobrecimento dos valores pessoais e coletivos. E como essa Regra era considerada o esteio desse mundo, isto é, peça-chave na organização de todas as funções sociais, concluímos, de antemão, que esse texto foi determinante para os cronistas crúzios pensarem as reflexões pedagógicas contidas nas obras refundidas pelo *scriptorium* do referido mosteiro.

Os crúzios julgaram necessário, especialmente no século XIV, expandir o número de obras compiladas, priorizando aquelas com melhor potencial para estimular clérigos e leigos a rememorar os ensinamentos de Santo Agostinho. Entre essas, as crônicas ocuparam um espaço destacado não só pelo seu compromisso de memória, mas também por poder funcionar como um espelho de virtudes. Para os crúzios, o ensinamento das crônicas monásticas deveria fixar valores e posturas condizentes com um estilo de vida austero, regrado e atento aos fundamentos da religião cristã. Foi com esse propósito que deram os primeiros passos, em Portugal, para uma produção de um saber histórico com comprometimento moralizante.

Considerando esse caráter precursor do fazer cronístico monástico, partimos para o cotejo dessa produção com o fazer cronístico de Corte – duas produções aparentemente distintas –, mas que possuíam um objetivo semelhante, partilhando as mesmas esperanças de instruir grandes nobres do reino português. Enfatizamos, portanto, o modo como os referidos conjuntos documentais se concentraram na ação pedagógica, enraizada em valores da moral cristã, bem como nas ideias clássicas de justiça e temperança. Foi possível observar que, entre o mundo monástico e o universo de Corte, houve um comum acordo sobre que virtudes seriam elevadas e quais os principais pecados que se deveriam evitar; perspectivas, portanto, que se cruzavam graças ao objetivo comum de monges e homens de Corte de ordenar o mundo no qual viviam. E mais, vimos que, enquanto os crúzios aguardavam a chegada de novos tempos de prosperidade e o encerramento das guerras de Reconquista, os cronistas régios e seus contemporâneos concebiam a Corte como uma espécie de promessa cumprida, isto é, como se a chegada ao trono do monarca D. João I, anunciando o advento de uma nova casa dinástica, fosse a concretização das esperanças portuguesas por um período frutífero e próspero para todos do reino. Essa crença motivou reis e príncipes a estimular a escrita de novas obras que estabelecessem, principalmente, ensinamentos valorosos a respeito do modo de ser e de se portar nesses novos tempos; uma época marcada por uma preocupação crescente em relação ao ordenamento das posturas consideradas ideais aos períodos intensos de paz.

Para entendermos essa relação mosteiro/Corte, procuramos destacar que a peculiaridade do séquito de Avis esteve justamente em querer assumidamente se diferenciar da Corte que a antecedeu, insistindo na elaboração de tratados e crônicas feitos para preparar o corpo do nobre, em detrimento da escrita de obras cujos conteúdos julgavam não conter os devidos ensinamentos. E foi, nesse empenho de se distinguirem, que os letrados da Corte buscaram nos mosteiros a sustentação dos seus relatos e foi ali que encontraram o tipo de material desejado. Esse material serviu aos homens de Corte para criarem parâmetros para pensar as formas de viver corretamente e colaborar para o aperfeiçoamento das condutas.

A influência dos mosteiros ocorreu com a chegada de várias obras monásticas à Corte, por exemplo, dos manuais de confissão de Martin Perez e dos tratados *Virgeu de consolaçon, Boosco deleitoso, Orto do esposo*, entre outros. No entanto, entre as obras monásticas consideradas importantes pelos letrados avisinos, foram as crônicas que mais chamaram a nossa atenção por algumas razões específicas. Primeiramente, podemos considerar que a escrita de crônicas foi a mais abundante tanto no espaço monástico quanto de Corte, tendo-se encerrado, em Santa Cruz, pouco tempo antes do período em que o poder régio assume a tarefa de impulsioná-la. Além disso, a escrita de crônicas foi a prática mais contínua em Santa Cruz desde a sua fundação, por isso o mosteiro foi, juntamente com o conde de Barcelos e sua *Crónica geral de Espanha de 1344*, o responsável por fundar uma escrita da história preocupada especialmente com as histórias de Portugal dos primeiros tempos do reino.

Uma das principais características do *scriptorium* de Santa Cruz foi pensar, nos moldes de Santo Agostinho: a guerra justa como um combate aos supostos anticristos, alinhando os portugueses ao lado do Bem, e os mouros, considerados impuros e infiéis, ao lado do Mal. Os cronistas régios, diversas vezes, atualizaram essa crença de que a guerra era uma disputa entre o Bem e o Mal, na qual os portugueses sempre representavam o Bem. E a chegada dos tempos de paz seria a vitória definitiva sobre esses anticristos, mas, ao mesmo tempo, seria o tempo para que os homens de Corte se preparassem para se distinguirem dos seus inimigos, ou seja, seria o tempo para aprenderem as virtudes, ensinadas nas crônicas e praticadas para que viessem a ser registradas nelas. Os cronistas crúzios e de Corte pactuavam a ideia de que os grandes cavaleiros portugueses foram modelos de pureza e de formas de vida superiores, as mais exemplares entre as conhecidas.

Defendiam tais cronistas que os portugueses deveriam ser e tinham conseguido ser superiores aos outros povos, apegando-se aos valores mais elevados, como a justiça e a temperança; virtudes plenamente exaltadas pelos príncipes de Avis.

Nosso objetivo consistiu, assim, em apresentar as condições pelas quais a escrita de crônicas saiu de Santa Cruz de Coimbra para a Corte de Avis, graças à intervenção régia. Mais do que antecipar os trabalhos dos cronistas da Torre do Tombo, vimos que os procedimentos de composição dos crúzios serviram de parâmetro para que os cronistas Fernão Lopes, Gomes Eanes de Zurara e Rui de Pina conseguissem elaborar as suas próprias crônicas. Desse modo, admitindo-se que os escritos monásticos transformaram-se em referência na Corte avisina, deve-se também aceitar a influência dos mosteiros não só na definição dos fundamentos da produção cronística, mas na formulação da própria moral avisina. Uma moral que se estrutura no jogo entre a importância da paz e a necessidade da guerra e que não se exime de definir supostos anticristos, nem tampouco afirmar o lugar do Bem e do Mal.

Referências bibliográficas

Fontes

CRÓNICA DE CINCO REIS DE PORTUGAL. Edição e apresentação de Artur Magalhães Basto. Porto: Livraria Civilização, 1945.
CRÓNICAS BREVES. In: *Portugaliae monumenta historica scriptores*. Edição fac-similar organizada por Alexandre Herculano. Lisboa: Typis Academicis, 1969.
LOPES, F. *Crónica de D. Fernando*. Introdução de Salvador Dias. Porto: Civilizações, 1979.
_____. *Crónica de D. João I de boa memória*. Edição de William J. Entwisle. Lisboa: Imprensa Nacional Casa da Moeda, 1977.
_____. *Crónica de D. Pedro*. Introdução de Damião Peres. Porto: Livraria Civilização, 1987.
PINA, R. de. *Crónicas*. Edição de M. Lopes de Almeida. Porto: Lello & Irmão, 1977.
ZURARA, G. *Crónica de Guiné*. Edição de José de Bragança. Porto: Livraria Civilização, 1973.
_____. *Crónica do conde D. Duarte de Meneses*. Edição de Larry King. Lisboa: Universidade Nova de Lisboa, 1978.
_____. *Crónica do conde D. Pedro de Meneses*. Edição de Maria Teresa Brocado. Lisboa: Fundação Calouste Gulbenkian, 1997.
_____. *Crónica da tomada de Ceuta*. Edição de Francisco Maria Esteves Pereira. Coimbra: Academia das Sciencias de Lisboa, 1915.

Referências

AGOSTINHO. *Obras de San Agostin*. Madrid: Editorial Católica, 1973.

_____. *A cidade de Deus*. Introd. de Oscar Paes Leme. Petrópolis: Vozes, 1990.

_____. *Confissões*. Bragança Paulista: Editora São Francisco, 2000.

_____. *Regras e constituições*. Belo Horizonte: Editor "O Lutador", 2003.

AMADO, T. (Org.). *A guerra até 1450*. Lisboa: Quimera, 1994.

ANDRADE, A.; TEIXEIRA, T.; MAGALHÃES, O. Subsídio para estudo do adultério. *Revista de História*. Porto: Instituto Nacional de Investigação Científica, Centro de História da Universidade do Porto, vol.1, 1978. Disponível em: <http://ler.letras.up.pt/uploads/ficheiros/6511.pdf>. Acesso em: 15 jun. 2009.

BARBOSA, P. *Documentos, lugares e homens:* estudos de história medieval. Lisboa: Cosmos, 1991.

BARRETO, L. F. *Descobrimentos e Renascimento:* formas de ser e pensar nos séculos XV e XVI. Lisboa: Imprensa Nacional Casa da Moeda, 1983.

_____. *Os descobrimentos e a ordem do saber*. Gradiva: Lisboa, 1989.

BASTO, A. M. *Estudos:* cronistas e crônicas antigas. Fernão Lopes e a Crônica de 1419. Coimbra: Oficinas Atlântida, 1960.

BAUBETA, P. *Igreja, pecado e sátira social na Idade Média portuguesa*. Imprensa Nacional Casa da Moeda, 1995.

BEIRANTE, A. *As estruturas sociais em Fernão Lopes*. Lisboa: Livros Horizontes, 1984.

BETHENCOURT, F.; CURTO, D. *A memória da nação*. Lisboa: Livraria Sá da Costa, 1991.

BLANCHARD, J.; MÜHLETHALER, J. *Écriture et pouvoir* : a l'aube des temps modernes. Paris: Dépôt Légal, 2002.

BLOCH, M. *A sociedade feudal*. Lisboa: Edições 70, 1989.

BOHLER, R. Explosão de uma literatura. In: DUBY, G.; ARIÉS, P. H. *História da vida privada*: da Europa feudal à renascença. São Paulo: Companhia das Letras, 2009, p.313-411.

BOLTON, B. *A Reforma na Idade Média*. Edições 70: Lisboa, 1983.

BRAGA, P. Os reis e o sexo na Idade Média portuguesa. *Revista da Abrem*, Porto Alegre: Signum, 2004.

BROOK, C. *O casamento na Idade Média*. Portugal: Publicações Europa-América, 1989.

BROWN, P. *Corpo e sociedade*: o homem, a mulher e a renúncia sexual no início do Cristianismo. Rio de Janeiro, 1990.

BUESCO, I. *Imagens do príncipe*: discurso normativo e representativo (1525-1549). Lisboa: Editora Cosmo, 1996.

_____. Livros e livrarias de reis e de príncipes entre os séculos XV e XVI. Algumas notas. *eHumanita*, v.8, 2007. Disponível em: <http://www.ehumanista.ucsb.edu/volumes/volume_08/articles/8%20%20Ana%20Isabel%20Buescu%20Article.pdf>. Acesso em: 7 fev. 2009, p.151.

CAETANO, M. *História do direito português*. Lisboa: Editorial Verbo, 1992.

CALADO, A de A. Introdução. In: *Crónica de Portugal de 1419*. Edição crítica com introdução e notas de Adelino de Almeida Calado. Aveiro: Universidade de Aveiro, 1998.

CARVALHO, J. *Estudos sobre a cultura portuguesa do século XV*. Lisboa: Por ordem da Universidade, 1949.

CÉCILE, C. Autorité du passe, identités du présent dans l'ordre oliétain auz XIV et XV siècles. In: SANSTERRE, J. *L'autorité du passé dans les societés médiévales*. Rome: Institut Historique Belge de Rome, 2004.

CHARTIER, R. *História cultural:* entre prática e representações. Lisboa: Difel, 1988.

_____. (Org.). *Práticas da leitura*. São Paulo: Estação Liberdade, 1996.

_____. *Leituras e leitores na França do Antigo Regime*. São Paulo: Editora Unesp, 2004.

_____. *A ordem dos livros:* leitores, autores e bibliotecas na Europa entre os séculos XIV e XVIII. Brasília: Editora de Brasília, s.d.

CHARTIER, R.; CAVALLO, G. *Historia de la lectura en el mundo occidental*. Madrid: Santillana-Taurus, 1998.

CHARTIER, R.; MARTIN, J. *Histoire de l'édition française*. Fayard, 1989.

CÍCERO, M. T. *Livro dos ofícios:* o qual tornou em língua o infante D. Pedro. Edição de Joseph M. Piel. Lisboa: Por Ordem da Universidade, 1948.

_____. *De Oratore*. Trans. E. W. Sutton and H. Rackham. Cambridge, Mass.: Harvard University Press; London: William Heinemann, Ltd., 1967 (The Loeb Classical Library).

CORBIN, A.; COURTINE, J.; VIGARELLO, G. (Org.). *História do corpo:* da Renascença às Luzes. Vol. 1. Petrópolis: Vozes, 2008.

CORREIA DE MATOS, L. *A Ordem de Cister e o reino de Portugal*. Lisboa: Fundação Lusíada, 1999.

CRESPO, A. *Lisboa mítica e literária*. Lisboa: Horizontes, 1990.

CRUZ, A. *Anais, crónicas avulsas de Santa Cruz de Coimbra*. Porto: Biblioteca Pública Municipal, 1968.

CUESTA, M. *Historia de los agustinos recoletos*. Madrid: Editorial Avgvstinvs, 1995.

D. DUARTE. *Leal conselheiro*. Edição crítica, introdução e notas de Maria Helena Lopes de Castro. Lisboa: Imprensa Nacional Casa da Moeda, 1998.

_____. *Livro de ensinança de bem cavalgar toda sela*. Edição de Josef M. Piel. Lisboa: Imprensa Nacional Casa da Moeda, 1986.

_____. *Livro dos conselhos de El-Rey D. Duarte (Livro da cartucha)*. Lisboa: Editorial Estampa, 1982.

D. JOÃO I. Livro da montaria. In: *Obras dos príncipes de Avis*. Edição de M. Lopes de Almeida. Porto: Lello & Irmãos Editores, 1981.

DAVID, P. *Études historiques sur la Galice et le Portugal du VI au XII siècle*. Lisboa: Institut Français au Portugal, 1947.

DIAS, J. S. *Os descobrimentos e a problemática do século XVI*. Lisboa: Editorial Presença, 1982.

DIAS, I. De como o mosteiro de S. Vicente foi refundado, 1997. In: RIBEIRO, C. A.; MADUREIRA, M. *O género do texto medieval*. Torres Novas: Edições Cosmos, 1997, p.139-145.

DINIS, A. J. *Vida e obra de Gomes Eanes de Zurara*. Lisboa: Agência Geral das Colônias, 1949.

DUBY, G. *As três ordens ou o imaginário do feudalismo*. Lisboa: Editorial Estampa, 1994.

DUBY, G.; ARIÉS, P. H. *História da vida privada*: da Europa feudal à renascença. São Paulo: Companhia das Letras, 2009.

ELIAS, N. *A sociedade de Corte*. Rio de Janeiro: Jorge Zahar Editor, 2001.

_____. *O processo civilizador:* formação do estado e civilização. Rio de Janeiro: Jorge Zahar, 1993.

FLANDRIN, J. *Chroquine de Platine:* pour une gastronomie historique. Paris : Éditions Odile Jacob, 1992.

FLORI, J. *A cavalaria:* a origem dos nobres guerreiros da Idade Média. São Paulo: Madras, 2005.

_____. *Chevaliers et chevalerie au Moyen Âge*. Paris: Hachette Littératures, 1998.

FOUCAULT, M. *A hermenêutica do Sujeito*. São Paulo: Martins Fontes, 2006.

_____. *O que é um autor?* Lisboa: Veja, 1992.

FRANÇA, S. S. L. *Os reinos dos cronistas medievais*. São Paulo: Annablume, 2006.

GENET, J.; VINCENT, B. *Etat et église dans la genèse de l'Etat Moderne*. Madrid: Casa de Velázquez, 1986.

GIL, F.; MACEDO, H. *Viagens do olhar:* retrospecção, visão e profecia no Renascimento português. Porto: Campo das Letras, 1998.

GILSON, E. *O espírito da filosofia medieval*. São Paulo: Martins Fontes, 2006.

GOMES, R. C. *A corte dos reis de Portugal no final da Idade Média.* Lisboa: Difel, 1995.

GUENÉE, B. *Entre l'église et l'état:* quatre viés de prélats français à la fin du Moyen Âge. Paris: Gallimard, 1987.

_____. Histoire e chronique – Nouvelles réflexions sur lês genres historiques au Moyen Âge. In: *La Chronique et l'histoire au Moyen Âge:* colloque des 24 et 25 mai 1982. Paris: Presses de l'Université de Paris-Sorbonne, 1984

_____. *Histoire et culture historique dans l'occident médiéval.* Paris: Éditions Aubier Montaigne, 1980.

HERCULANO, A. (Org.). *Portugaliae monumenta historica scriptores.* Edição fac-similar. Lisboa: Typis Academicis, 1969.

HOMEM, A. L. *Portugal nos fins da Idade Média:* Estado, instituições, sociedade política. Lisboa: Livros Horizonte, 1990.

HUIZINGA. J. *O declínio da Idade Média.* Braga: Ulisseia, 1999.

JABINET, M. *Introdução à historiografia.* Bauru: Edusc, 2003.

JEREZ, M. *Retórica y artes de memoria en el Humanismo Renascentista.* Cáceres: Universidad de Extramadura, 2007.

KANTOROWICZ, E. H. *Os dois corpos do rei:* um estudo sobre teologia política medieval. São Paulo: Companhia das Letras,1998.

KOSELLECK, R. *Futuro passado:* contribuições à semántica dos tempos históricos. Rio de Janeiro: Contraponto, 2006.

KRITSCH, R. *Soberania:* a construção de um conceito. São Paulo: Humanitas, 2002.

KRUS, L. *A concepção nobiliárquica do espaço ibérico:* geografia dos livros de linhagens medievais portugueses (1280-1380). Lisboa: Fundação Calouste Gulbenkian; Junta Nacional de Investigação Científica e Tecnológica, 1994.

LANCIANI, G.; TAVANI, G. *Dicionário da literatura medieval galega e portuguesa.* Lisboa: Editora Caminho, 1993.

LAPA, R. *Lições de literatura portuguesa:* época medieval. Coimbra: Coimbra Editora, 1952.

_____. *Miscelânea de língua e literatura portuguesa medieval.* Rio de Janeiro: Ministério da Educação e Cultura, 1965.

LAUCHAUD, F. Littérature de civilité et "processus de civilisation" à la fin Du XII° siècle: le cas anglais d'après l'Urbanus magnus. In: *Les échanges culturels au Moyen Âge.* Paris: Publication de la Sorbonne, 2002.

LE GOFF, J. *O homem medieval.* Lisboa: Editorial Presença, 1989.

LE GOFF, J.; SCHMITT. *Dicionário temático do ocidente medieval.* Bauru: Edusc, 2002, 2 vols.

LE GOFF, J.; TRUONG, N. *Uma história do corpo na Idade Média*. Rio de Janeiro: Civilização Brasileira, 2006.

LENCART, J. *O costumeiro de Pombeiro*. Lisboa: Editorial Estampa, 1997.

LIVRO DOS CONSELHOS DE EL-REY D. DUARTE (LIVRO DA CARTUCHA). Lisboa: Editorial Estampa, 1982.

LOYON, H. R. *Dicionário da Idade Média*. São Paulo: Rio de Janeiro, 1990.

LUCAS, M. C. *Hagiografia medieval portuguesa*. Lisboa: Ministério da Educação, 1984.

MANUEL, J. *Libro del cauallero*. In: AMADO, T. (Org.). *A guerra até 1450*. Lisboa: Quimera, 1994

MARQUES, M. A. *Estudos sobre a Ordem de Cister em Portugal*. Coimbra: Edições Colibri, 1998.

MARQUES, O. *A sociedade medieval portuguesa*. Lisboa: Livraria Sá da Costa, 1971.

_____. *Ensaios de história medieval portuguesa*. Lisboa: Editorial Vega, 1980.

_____. *Portugal na crise dos séculos XIV e XV*. Lisboa: Presença, 1987.

_____. Introdução. In: MONGELLI, L. M. (Org.). *A literatura doutrinária na Corte de Avis*. São Paulo: Martins Fontes, 2001.

MARTIN, G. *La historia alfonsí: el modelo y sus destinos*. Madrid: Casa de Velázquez, 2000.

MARTINS, M. *Estudos de cultura medieval*. Braga. Vol. 2. Lisboa: Edições Brotéria, 1983.

MATOSSO, J. *Portugal medieval:* novas interpretações. Lisboa: Imprensa Nacional Casa da Moeda, 1983.

_____. *A identificação de um país:* ensaios sobre as origens de Portugal (1096-1325). Lisboa: Editorial Estampa, 1985a.

_____. *Identificação de um país*. Lisboa: Editorial Estampa, 1985b.

_____. *Fragmentos de uma composição medieval*. Editorial Estampa: Lisboa, 1987.

_____. (Org.). *História de Portugal:* a monarquia feudal. Lisboa: Editorial Estampa, 1997.

_____. *Religião e cultura na Idade Média portuguesa*. Lisboa: Círculo de Leitores, 2000.

MAUÉS, F. As ensinanças do livro do cavalgar. In: MONGELLI, L. M. (Org.). *A literatura doutrinária na Corte de Avis*. São Paulo: Martins Fontes, 2001.

MENINO, P. *Livro de falcoaria*. Edição de Rodrigues Lapa. Coimbra: Imprensa da Universidade, 1931.

MINISTÉRIO DA CULTURA. *Inventário dos códices iluminados até 1500*. Edição de Isabel Vilares Cepeda e Teresa A. S. Duarte Ferreira. Lisboa: Biblioteca Nacional de Portugal, 2001, 2 vols.

MOMIGLIANO, A. *As raízes clássicas da historiografia moderna*. Bauru: Edusc, 2004.

MONGELLI, L. M. (Org.). *A literatura doutrinária na Corte de Avis*. São Paulo: Martins Fontes, 2001.

MUNIZ, M. C. *O Leal Conselheiro, de Dom Duarte, e a tradição dos Espelhos de príncipe*. São Paulo, 2003. Tese (Doutorado em Literatura Portuguesa) – Faculdade de Letras, Filosofia e Ciências Humanas, Universidade de São Paulo.

NELSON, C. *A arte monástica no mosteiro de Lorvão:* sombras e realidades. Vol.1. Lisboa: Fundação Calouste Gulbenkian, 2002.

NORA, P. *Les Lieux de mémoire*. Paris: Éditions Gallimard, 1997.

ORCÁSTEGUI, C.; SARASA, E. (Orgs.). *La historia en la Edad Media. Historiografía e historiadores em Europa Occidental:* siglos V-XIII. Madrid: Ediciones Cátedra, 1991.

ORTO DO ESPOSO. Edição crítica de Bertil Maler. Rio de Janeiro: MEC/ INL, 1956. v.2.

PACAULT, M. *Les ordres monastiques et religieux au Moyen Âge*. Paris: Édition Fernand Nathan, 1970.

PAIS, A. Espelho dos reis. In: AMADO, T. (Coord.). *A guerra até 1450*. Lisboa: Quimera, 1994.

PASTOUREAU, M. *Une histoire symbolique du Moyen Âge occidental*. Paris: Éditions du Seuil, 2004.

PERES, D. *História de Portugal:* origens e formação da nacionalidade. Porto: Calense, 1960.

PEREZ, M. *Livro das confissões*. Lisboa: Publicações Pena Perfeita, 2005.

PIMENTA, A. *Fontes medievais da história de Portugal*. Lisboa: Editora Sá da Costa, 1948.

PIMPÃO, A. J. da C. *História da literatura portuguesa:* Idade Média. Coimbra: Atlântida, 1959.

_____. Terão aparecido as crônicas perdidas de Fernão Lopes? In: *Escritos diversos*. Coimbra: Biblioteca Geral da Universidade de Coimbra, 1972.

QUILLET, J. *D'une cité l'autre :* problèmes de fhilosophie politique médiévale. Paris: Honoré Champion Éditeur, 2001.

RADULET, C. *O cronista Rui de Pina e "a Relação do reino do congo"*. Lisboa: Imprensa Nacional Casa da Moeda, s.d.

REBELO, L. *A concepção de poder em Fernão Lopes*. Lisboa: Livros Horizonte, 1983.

_____. *A tradição clássica na literatura portuguesa*. Horizonte Universitário: Lisboa, 1982.

RIBEIRO, C.; MADUREIRA, M. *O género do texto medieval*. Lisboa: Edições Cosmos, 1997.

RICOEUR, P. *Tempo e narrativa*. Papirus Editora: Campinas, 1994.

_____. *A memória, a história e o esquecimento*. Campinas: Editora Unicamp, 2007.

ROEDEL, L. *Vita sancti theotonni*: uma narrativa hagiográfica em consonância com a reforma gregoriana. *Boletim Jorge Sena*. Faculdade de Ciências e Letras Unesp, Araraquara, ano VIII, n. 5, 1999.

ROUCHE, M. (Org.). *Mariage et sexualité au Moyen Âge*: accord ou crise? Paris: Presse de l'Université de Paris-Sorbonne, 2000.

RUCQUOI, A. *História medieval da península Ibérica*. Lisboa: Editorial Estampa, 1995.

RUIZ, T. F. Une Royaté sans Sacre: la monarchie castillane du bas Moyen Âge. In: *Annales E. S. C*, 1984.

S. BENTO. *Regra de S. Bento*. Disponível em: <http://www.cristianismo.org.br/regra-02.htm>. Acesso em: 15 out. 2008.

SAENGER, P. La lectura en los últimos siglos de la Edad Media. In: CHARTIER, R.; CAVALLO, G. *Historia de la lectura en el mundo occidental*. Madrid: Santillana-Taurus, 1998.

SAMPAIO, A. F. *História da literatura portuguesa ilustrada*. Lisboa: Livrarias Aillaud Bertrand, s.d.

SARAIVA, A. J. *A épica medieval portuguesa*. Lisboa; Gráfica Maiadouro, 1991.

_____. *O crepúsculo da Idade Média em Portugal*. Lisboa; Gradiva, 1993.

SCHMITT, J. C. O corpo e o gesto na civilização medieval. In: BUESCO, I.; SOUSA, J.; MIRANDA, M. *O corpo e o gesto na civilização medieval*. Lisboa: Edições Colibri, 2006.

SCHMITT, J. *Os vivos e os mortos*. São Paulo: Companhia das Letras, 1999.

SÈRE, B. *Penser l'amitié au Moyen Âge*: étude historique des commentaires sur les livres VIII et IX de l'*Éthique à Nicomaque*. Paris: Brepols, 2007.

SERRÃO, J. *Cronistas do século XV posteriores a Fernão Lopes*. Lisboa: Biblioteca Breve, 1989.

_____. *Figuras e caminhos do Renascimento em Portugal*. Lisboa: Imprensa Nacional Casa da Moeda, 1994.

_____. *A historiografia portuguesa*. Lisboa: Editorial Verbo, 1972.

_____. *História de Portugal*. Vol. 1. Lisboa: Editorial Verbo, s.d.

SORIA, J. M.N. *Imágenes religiosas del rey y poder real en la Castilla del siglo XIII*: en la España medieval. Tomo V. Madrid: Editorial de la Universidad Complutense, 1986. Disponível: <http://revistas.ucm.es/ghi/02143038/articulos/ELEM8686220709A.pdf>. Acesso em: 27 ago. 2008.

STRONG, R. *Banquete:* uma história ilustrada da culinária, dos costumes e da fartura à mesa. Rio de Janeiro: Jorge Zahar, 2004.

TOXÉ, P. La copula carnalis chez les canonistes médiévaux. In: ROUCHE, M. (Org.). *Mariage et sexualité au Moyen Âge:* accord ou crise? Paris: Presse de l'Université de Paris-Sorbonne, 2000.

VAUCHEZ, A. *A espiritualidade na Idade Média.* Rio de Janeiro: Jorge Zahar, 1995.

VAUCHEZ, A. O santo. In : LE GOFF. *O homem medieval.* Lisboa: Editorial Presença, 1989.

VENTURA, G. *O Messias de Lisboa:* um estudo de mitologia política (1383-1415). Lisboa: Edições Cosmos, 1992.

_____. *Igreja e poder no séc. XV:* Dinastia de Avis e liberdades eclesiásticas. Lisboa: Edições Colibri, 1997.

_____. *Estudos sobre o poder:* séculos XIV-XVI. Lisboa: Edições Colibri, 2003.

VERGER, J. *Homens e saber na Idade Média.* Bauru: Edusc, 1999.

VIRGEU DE CONSOLAÇON. Porto Alegre: Livraria do Globo, 1958.

WHITE, H. *El contenido de la forma.* Barcelona: Paidós, 1992.

YATES, F. *A arte da memória.* Campinas: Editoria da Unicamp, 2009.

ZUMTHOR, P. *A letra e a voz:* a "literatura" medieval. São Paulo: Companhia das Letras, 1993.

SOBRE O LIVRO

Formato: 14 x 21 cm
Mancha: 23,7 x 42,5 paicas
Tipologia: Horley Old Style 10,5/14
Papel: Offset 75 g/m² (miolo)
Cartão Supremo 250 g/m² (capa)
1ª edição: 2012

EQUIPE DE REALIZAÇÃO

Coordenação Geral
Marcos Keith Takahashi

Impressão e Acabamento:

psi7
Printing Solutions & Internet 7 S.A